U0754514

没有创意的文案
不叫文案

王 剑 ◎ 著

台海出版社

图书在版编目（CIP）数据

没有创意的文案不叫文案／王剑著.—北京：台海
出版社，2018.6

ISBN 978 - 7 - 5168 - 1906 - 7

Ⅰ.①没… Ⅱ.①王… Ⅲ.①电子商务 - 文书 - 写作
Ⅳ.①F713.36

中国版本图书馆 CIP 数据核字（2018）第 099830 号

没有创意的文案不叫文案

著　者：王　剑

责任编辑：戴　晨　赵旭雯　　　装帧设计：天下书装
版式设计：天下书装　　　　　　责任印制：蔡　旭

出版发行：台海出版社

地　　址：北京市东城区景山东街 20 号　邮政编码：100009

电　　话：010 - 64041652（发行，邮购）

传　　真：010 - 84045799（总编室）

网　　址：www. taimeng. org. cn/thcbs/default. htm

E - mail：thcbs@ 126. com

经　　销：全国各地新华书店

印　　刷：三河市人民印务有限公司

本书如有破损、缺页、装订错误，请与本社联系调换

开　　本：880 × 1230　　　　1/32

字　　数：200 千字　　　　印　　张：10.5

版　　次：2018 年 8 月第 1 版　印　　次：2018 年 8 月第 1 次印刷

书　　号：ISBN 978 - 7 - 5168 - 1906 - 7

定　　价：49.00 元

文字，从笔墨纸砚上走出来，从输入法对话框中跳出来，再以惊人的速度传播，从杂志、报纸、电视，到海报、手机、互联网，包围着我们的生活。如今，从流行歌曲、热门小说、影视剧本，到八卦新闻、网络段子，甚至是促销信息，文字一直在被我们所阅读、所体验、所娱乐、所消费。

而在这些文字快速流传的背后，离不开以此为业的创作者们。他们凭借头脑和笔杆，构思广告的概念，用标题刺激眼球、用口号鼓动消费者、用内容吸引大众。他们无时无刻不在追求语言的说服力和鲜活度，并以此为广告注入强心剂。而这，就是文案的由来。那么，文案到底是什么？

文案＝标题？

文案＝广告语？

文案＝广告正文？

文案＝广告的方案？

文案＝文案手？

其实这些说法都不够准确。文案，既可以表示一个广告作品中的文字组成部分，也可以表示那些从事文案写作人员的职称。为方便区分，我们在本书中以"文案"和"文案手"来区分二者。

很多新入门的文案手都觉得写文案靠的是灵感，所以非常好奇那些能写出好文案的灵感都是从哪儿来的？事实上，关于灵感这一个说法，已经被无数文案手推翻过，并且大致都认同这样一句话："没有灵感，只有累积。"

要知道，生活中的每一个灵光一现都是不可复制的，比如每日的生活、夜晚的散步、与朋友的对话、网上的闲逛、花钱的爽快……都是每个人再普通不过的生活，但累积却需要我们通过不断的学习和进步才能获得。所以，我们在本书的第一章表示，灵感与创意，并不存在于某一篇文章之中，而在于每一篇文章里。当我们写下一篇又一篇文案，一点一点积累、堆高，直到窜上云端时，就成了人们以为的灵感。

都说"题好一半文"，说的就是标题的重要性。对此，著名文案撰稿人、《如何写一个好广告》一书的作者维克多·施瓦布曾说过："一些失败广告中的内文很有说服力，但是却没有提炼出一个好标题。因此，虽然主体文案很精彩，但根本没有人去阅读。"

标题是文案中较为难写的，所以有不少文案手都会在标题上停滞不前。因此，在本书的第二章，我们特意总结了一些关于标题的写法，让那些被标题困住脚步的文案手能够快速找到标题撰写的密匙，写出令读者眼前一亮的标题。

文案的开头，决定着读者到底能不能在第一时间通读全文。因此，本书第三章针对如今比较流行的开头模式，通过案例进行解析，帮助读者更好地掌握好文案开头的秘密。

文案的正文是对产品及服务，以客观的事实、具体的说明，来增加用户对产品的了解与认识，做到以理服人。所以，文案在撰写正文时，要实事求是、通俗易懂。不论我们采用哪种题材或式样，都要抓住产品的主要信息来叙述，言简易明。不仅如此，为避免文案手们总是写一些干巴巴的文案，我们在本书的第四章中总结了一些文案内容的写作方法，以便于激发读者的兴趣。

另外，文案的难易程度，重点并不是字数的多少，而在于它到底需要提供多少信息才能达到销售的目的。在一般情况下，文案的长度都取决于产品本身、广告受众、文案目的、情感参与度这几个要素。就拿产品本身来说，由于行业、类别、定位、目标受众的不同，将直接导致每个产品值得为人所道的地方也存在很大区别。

比如同样是关于酒的文案，葡萄酒的文案需要洋洋洒洒几百字，如《三毫米，一颗葡萄要走十年》的文案：

三毫米，瓶壁外面到里面的距离

一颗葡萄到一瓶好酒之间的距离

不是每颗葡萄都有资格踏上这三毫米的旅程

它必是葡萄园中的贵族；占据区区几平方公里的沙砾土地

坡地的方位像为它精心计量过

刚好能迎上远道而来的季风

它小时候，没遇到一场霜冻和冷雨

旺盛的青春期，碰上十几年最好的太阳，临近成熟

没有雨水冲淡它酝酿已久的糖分，甚至山雀也从未打它的主意

摘了三十五年葡萄的老工人

耐心地等到糖分和酸度完全平衡的一刻才把它摘下

酒庄里最德高望重的酿酒师

每个环节都要亲手控制，小心翼翼

而现在一切光环都被隔绝在外，黑暗、潮湿的地窖里

葡萄要完成最后三毫米的推进

天堂并非遥不可及，再走十年而已

而同样是酒类品牌的红星二锅头却只需几个字，如文案："让干杯，成为周末的解放宣言。"虽然文案的长度有很大差别，但不得不说，这两则文案都是非常实际的。为此，我们特意在本书的第五章讲解了关于长文案和短文案的撰写及适用方法。

传统媒体时代，是把产品广告强塞给用户，用户只能被动接受，在这种状态下，用户对广告是非常反感的。但在如今社交媒体的时代，各种广告充满了娱乐和趣味性，像微博、微信公众号、产品动画、病毒传播视频、活动宣传单页、户外广告、论坛帖等，到处都有广告文案的身影。

但是，我们要如何进行基于社交媒体营销的文案内容创作呢？里面又有哪些好玩的方式？本书的第六章专门分享了关于这方面的技巧。

生活中，人们总会忽略那些抽象的信息，而对具体且形象化的描述更加敏感。比方身在深圳的我们要向北京的朋友描述这边的台风。如果我们说："哇！这边的风真是太大了，呼呼呼的，铺天盖地！"一般对方很难有具体的感觉。但如果我们说："哇，这边的风太大了，吹得我家的SUV都上天了。"瞬间就可以在对方的脑海中形成一幅具体的画面，并且让朋友对台风大

的程度有一个明确的认识。而这就是文案视觉化的力量，在本书的第七章会讲到。

一篇好的文案，在得到用户的高度认可下，能够释放出巨大的能量，并为品牌带来无限大的曝光率与转化度。那么一篇好文案究竟是怎么写出来的？有没有套路可讲呢？还别说，真的有。在本书的第八章，我们通过对不同类型文案的描写，以及相关技法的总结，用最简单有效的方法告诉大家，想写出创意文案，并没有想象中那么难。

我们已经知道，文案看起来虽然只是简单的文字性工作，但它却能创造出巨大的商业营销价值。那么，我们要怎样才能写出优质文案，让众多消费者忍不住下单呢？仔细阅读第九章，它会告诉你答案。

最后，互联网时代的文案，一般都会受到其传播媒介的影响。比如我们在论坛上发布的文案可以洒脱，但发布在新闻平台上的文案就要一本正经。另外，我们会发现有的文案明明写得很好，但转发量就是不高。为什么会这样？我们在本书的第十章，重点讲述了文案的不同传播媒介，以及发布时间点的奥秘。

总而言之，这是一本内容丰富的书，里面包含了很多关于文案写作的技巧和想法。如果你是作者、编辑、广告公司文案写手、企业家、销售经理、市场拓展经理、产品经理、品牌经理、网络推手、广告公司经理、客户经理、宣传人员、创意总监、自由职业者、公关专家或企业所有者，那么这本书就是为你而写的。

第 1 章　让人尖叫的文案，靠的不只是灵感

第 2 章　惊鸿一瞥的标题，来一个！

第 3 章　直戳痛点，开头就要欲罢不能

第 4 章　滚蛋吧！ 那些干巴巴的内容

第10章　选对发布媒介和时间，文案才更具冲击力

第1章 | 让人尖叫的文案，
靠的不只是灵感

001 因为煽情，所以走心

经典文案回放：2014 年最温暖的文案营销

在 2014 年年末的一次宣传动作中，谷歌传播的内容只有两封很短的通信。一封是小女孩凯蒂为爸爸写给谷歌的请假信，一封是爸爸的上司同意请假的回复。其内容是这样的：

"亲爱的谷歌，你可以在我爸爸上班的时候，给他放一天假吗？比如让他在周三休息一天。因为我爸爸每周只能在周六休息一天。凯蒂。附笔：那天是爸爸的生日。再附笔：这是暑假。"

"亲爱的凯蒂，感谢你的来信和你提出的要求。你的父亲在工作上一直很努力，他为谷歌和全世界千千万万人设计出了很多漂亮的、令人欣喜的东西。鉴于他的生日已快到来，以及我们也意识到了暑期休假的重要性，我们决定让他在 7 月的第一周休假一个星期。祝好！丹尼尔·席普蓝克夫。"

案例解析：

在很多大手笔的文案宣传战中，策划、代言、创作、投放、公关等，动辄就会花费数十万甚至百万千万。但在这些高投入的同时，并不代表其传播效果也是出彩的。相反，如果我们能利用一些特殊的小事件、小动作，则有可能收获到四两拨千斤的效果。

比如谷歌的这次宣传动作，与其他品牌的大手笔相比，真的非常简单并且朴素，但它的宣传效果却一点也不输大手笔。

在整个文案故事中，我们可以把他概括为"小女孩凯蒂用蜡笔写信给谷歌为爸爸请假，然后爸爸的上司回信同意了"。而就是如此简单的一个故事，没想到竟然能在全球范围获得广泛报道，Facebook、Twitter 等社交网络上也有大量转载。截止到 2015 年 1 月，这篇文章在美国知名平台 Business Insider 网站上已经获得了 80 多万次的浏览量，而谷歌搜索到的相关记录也超过 7500 万条。

之所以能达到这种效果，是因为这个童话般的故事内容充满了正能量并且非常煽情，这种方式极容易攻陷人们内心柔软的部分。另外，当人们看到小孩用稚嫩的笔触写的信和公司正式的回复时，大多数人都没觉得它是一个广告，所以无论是媒体编辑还是普通网友，都会主动转发这条信息。

期间，其标题选择用"女孩要求谷歌放假，谷歌如何应对？"里面含有小女孩、大公司、写信、回应等几个关键词组合，能够让人们轻易产生点击和分享的欲望。文章的内容也很简单，只是两封真实邮件，但里面却包含了女儿、爸爸、上司、生日、责任、荣耀等信息，而这些正是美国大片中一直在传递东西，所以能轻易激发人们的转发欲。

更何况，故事中的所述事件应该是属实的，至于那两封信是如何到了媒体手中，人们只会善意地相信那纯属偶然，而不会认为那是对方精心策划的结果。结局毋庸置疑，它成功地用润物细无声的方式，在很多人的记忆里留下了深刻的印象。

与文案手分享：

文案有很多规则，也可以没有一定规则；它既要求与别人不一样，也没有必要特意与众不同；既要异想天开，又要严密分析；要放开眼界，还要扣紧产品主题……这种悖论感，就像别克君越在文案中所说的："在别人喧嚣的时候安静，在众人安静的时候发声。"

一套备受好评，并且能够打动人心的文案是美的，而这种打动人心的力量，就是来自于文字的力量，以及对时代和自身品牌的绝妙融合和诠释。那么，我们要怎样才能写出这样的文案呢？

一、要有敏锐的洞察力

如果只是写两句煽情的话，或者是巧妙运用了排比之类的技巧，我们并不能把它称为"走心"。因为在每个走心文案的背后，都有一个文案手敏锐的洞察力。

所谓"洞察"，就像隔洞窥视，能让文案手发现消费者心底的秘密。曾有一名专业人士这样描述"洞察"：一个很牛的洞察能激发消费者的三重反应，即"啊！你怎么会知道！"（惊讶）→"我也有这种感觉啊！"（强烈的共鸣）→"这么多牌子，只有你懂我。"只有碰到用户的痛点才算赢，其他都是输。

二、要用消费者"错误"的思维去思考

社会的逐渐多元化，直接导致消费者的想法也变得多种多样，这就要求文案手要放下偏见，学会充分尊重对方。简单来说，就是即便用户喜欢臭豆腐味的牙膏，我们也要淡定地表示理解。

比如"我是个害怕阅读的人"这则文案，就是文案手使用了消费者"错误"的思维去思考而完成的。当时正值天下文化出版社25周年庆，活动邀请了台湾奥美来做推广，动员大家多读书。

但因为当时台湾经济发展很快，很多创富故事每天都在刺激人们的眼球，人们都急着工作、应酬、交际，根本不会静下心来读书。面对这种状况，文案手并没有利用"追求名利太疲惫，在书里找回自己""富有的不该只是钱包，还有头脑"这类常规的营销诉求，而是先表示自己的理解。

然后又表示，那些做生意的人都免不了应酬交际，而那些博学的人总能从生意聊到茶杯再说到茶叶的发展历史。这样的人充满魅力，能够主导话题，也更容易获得别人的尊敬和订单。所以亲爱的，多读点书吧，小心被淘汰。而人们看到这样的文案后，都表示愿意接受。

总而言之，在这个用户对文案的要求越来越高的时代中。如果没有好的文案，品牌传播的力量将会变得非常吃力，甚至会出现事倍功半的情况。因此，我们需要摆脱以前那种华丽的文案风格，变得更为朴素。这样才能让文案显得更为"走心"，也更容易引起消费者内心的共鸣，品牌传播才会产生意想不到的效果。

002 要的就是小暧昧的乐趣

经典文案回放：杜蕾斯 2016 年 1 月 1 日文案

杜蕾斯的文案总是有点"污"，而商家要的就是这种小暧昧的乐趣。就拿杜蕾斯在 2016 年 1 月 1 日元旦节的文案来说，其文案内容为："祝大家新的一年震震日上，套套不绝，万湿如意。"真的"污"到让人不忍直视。

案例解析：

玩微博的人对"杜蕾斯"这个账号应该都不陌生，其文案内容上的幽默、时效性强等特征，逐渐在微博文案领域上刮起了一阵"杜蕾斯风"。之所以会产生这样的效果，与杜蕾斯的销售节点、经常借势等方面存在很大关系。

比如，杜蕾斯会针对每一季，甚至是每一款的主推产品来更换微博主页图片。这种方式与那些多年只放一张品牌形象图片的企业相比，能够让人们在阅读的时候，对其所推产品产生良好的认知，从而引发人们对新产品的好奇程度。而在长时间的潜移默化中，能有效让用户接受产品。

除此之外，杜蕾斯可以说是最会借势的品牌。比如 2014 年微博上市、李娜退役、马伊琍文章事件等一系列热门事件中，我们都能在第一时间看到杜蕾斯的身影。而像刘翔退赛、雾霾等热门事件，杜蕾斯也都及时发声。

不仅如此，与微博粉丝进行及时的沟通和经营，也是微博营销的重点。而这一点，杜蕾斯把握的非常精准。比如杜蕾斯的发布时间，一般都集中在 10 点、11 点半、22 点、24 点这几个时间段。很多人都表示不理解，但这样的发布时间却是有一定科学依据的。

根据人们的作息时间统计，上午 10 点，正好是上班族工作累了并会小憩的时间段；中午 11 点半左右，是人们吃午饭的时间段；晚上 22 点是黄金档节目刚好结束的时间段；而 24 点则是大多数年轻人临睡前刷屏的时间段。而在这个时间段，大多数人最愿意做的事情就是看手机！

所以说，杜蕾斯之所以如此受欢迎，并不是偶然，更不是运气。这和它微博主页的文案设计、借势、互动、找准发布时间等原因有着密不可分的关系。因此，我们在撰写文案的时候，千万不要忽视产品的营销作用。

另外，很多文案手都表示，杜蕾斯文案的价值，并不在于其文案本身的内容，毕竟我们在网上同样能看到各种充满创意的文案形式。其价值在于，将这种文案形式有效的变成了自己独特的品牌符号。

比如现在只要有什么热点一出，很多人都会好奇"不知道杜蕾斯这次又准备怎么玩了？"像这种品牌符号，就成了杜蕾斯的品牌资产。之所以会如此，有专业人士表示，这是因为杜蕾斯非常善于将品牌的信息植入消费者记忆，让用户在下次优先选择它；善于击中消费者痛点，促使用户选择；善于把产品绑定在某个场景中，在特定情形下激发人们对品牌的记忆。

比如杜蕾斯的"北京大雨鞋子套避孕套"等文案，可以说它把握热点之准、反响之快、创意之巧妙，都令人拍案叫绝。所以该微博一经发出，一小时内就被转发过万，成为当年经典的营销案例。

与文案手分享：

关于创意文案的发挥，一定要为品牌持续塑造竞争优势，才能持续积累品牌资产。基于积累品牌资产的核心原则，创意文案的发挥主要有以下三点思考路径。

一、创意文案是否符合品牌定位

对很多文案手来说，创意文案并不难构思，难的是如何关联品牌。曾有专业人士表示："文案想要打动消费者，就一定要有'冲突'，也就是我们经常提到的'消费者洞察'。"但是，很多文案手却只记住了寻找"消费者洞察"，而忘记了同等重要的"关联品牌"。

所以现实生活中，无数广告创意在传播之后，用户也只记住了创意，却没有加强任何对品牌的认知。比如之前滴滴的一则视频广告："滴滴邀请泰国神级导演拍了个广告，不标题党的说：我连看了 3 遍。"广告内容非常有创意，也唤起了无数网友对"中国式相亲"的共鸣感，但最后却无法把它和滴滴建立任何关联。

因此，文案手一定要谨记：只有将创意文案关联品牌，并影响用户感受，最终才能促进产品的销量。

比如长城葡萄酒的文案，文案手就是将"葡萄"拟人化，在发挥创意的同时，完美地关联了品牌的定位。再结合事实、数据、产品的信息和卖点，品牌的理念和气质，甚至意境、情感等，用"三毫米的旅程，一颗好葡萄要走十年"一句话就表现出来了。用户在读起这段文案的时候，就像在品闻一杯红酒，有唇齿留香之感。

二、创意文案是否绑定了场景，植入消费者记忆

当文案手在发挥文案创意的时候，一定不要忘记"绑定场景"的重要性。比如宜家为自己的落地灯写的产品文案："太阳早已落下，却不愿意将阅读停下，也不愿开大灯，通明的灯火会扰乱我的阅读。只好提来落地灯，以它专注的光亮，带我继续回到书中。很快地，忘却了适才的骄傲，忘却了周边的漆黑一片。只知道阅读的心，逐渐地明亮光透。"

在这则文案中，文案手就没有一味直白地夸宜家的产品有多好，而是通过"场景"的带入，让消费者自己去意识到产品的好。

再比如说当初红极一时的"杜蕾斯套鞋"文案创意，就是杜蕾斯将避孕套独特的产品属性与下雨天结合，成功地将品牌与场景植入到消费者的记忆中。以至于到了今天，每当下雨担心鞋子被溅湿的时候，该场景就会自动触发用户对杜蕾斯品牌的记忆。

三、创意文案是否形成了独特的品牌符号

当文案创意既没有植入明确的品牌定位，也没有绑定明确的使用场景时，文案手就可以从产品的营销形式上为其创造出

独特的品牌符号。

比如江小白的文案，就是一则非常好的品牌符号创意。在江小白"表达瓶"的 H5 互动页面中，消费者还可以在上面写下自己想说的话，或者上传自己的照片，用于"定制"独属于自己的江小白"表达瓶"。更特别的是，如果谁的"定制"通过筛选，还有机会被投入生产，成为这瓶江小白的"代言人"。

利用这种独特的文案形式，江小白甚至不需要绞尽脑汁的设计痛点文案、提炼产品卖点，只要通过这种独特的品牌符号，就可以让消费者记住品牌并传播品牌。

所以，品牌符号的本质意义，并不是为了表达产品的内容，而是为了能够在营销形式上持续积累品牌的资产，加强用户对品牌的记忆。

003　利用情感实现共鸣

经典文案回放：让爱回家

2011 年 1 月 17 日春节前夕，一汽奔腾全媒体推广的一则视频广告感动了无数国人：

镜头一开始，一个离家三年的年轻人准备开车回家过年，结果半途接到老板的电话，要求他立刻赶回公司。之后镜头一转，在他远方的老家，低矮的平房里，母亲守着一桌菜，父亲枯坐在门外。

年轻人独白："我没算过这条路到底有多长，我只知道，我让他们等了很久！"

广告语：

·别让父母的爱，成为永远的等待

·让爱回家，一汽奔腾

案例解析：

一汽奔腾的"让爱回家"广告，是一则让人感到有些忧伤和酸楚的广告。试想一下，年关将近，远行的游子心里都惦念着"回家的车票还没有着落"。在如此心境下，一汽奔腾突然说一句："别让父母的爱，成为永远的等待。"心底泛起的酸楚和涟漪，总会不受控制地涌现出来，从而成功触动无数春节返乡人员的思乡情结。

根据不完全统计，该视频在国内视频网站上线不足一周，总点击量就将近 100 万。这虽然是一则投放于互联网的视频，但是制作水准相当精良，很容易让用户感受到其中的用心。

广告中，一汽奔腾巧妙地选取了两代人之间的关联进行创意，借此明示"同心同爱，才是家"，从而实现与用户的情感共鸣。在这方面，很多广告都做得很好。

比如几年前的"凡客体"，当时韩寒的文案一出，几乎所有人都做了填空题，纷纷开始模仿"凡客体"。就是因为韩寒的"凡客体"击中了"80 后"的内心，让他们产生了情感共鸣，从而写出了属于自己的"凡客体"。

再比如说，原创漫画作者"伟大的安妮"因为一句："对不起，我只过 100% 的生活。"也受到了大量的关注度，很多年轻人都被漫画中安妮描述的情感所感动，并从心底产生了共鸣感。

那么共鸣感是如何塑造的呢？为什么有些文案容易让人产生共鸣，感到自己"被理解""被支持"，而有些则不能呢？事实上，所谓的"共鸣感"就是：文案中主人公所做的某件事，与我们记忆中的情境产生连接时，我们所产生的积极情绪的感受。

比如有这样一个故事："一个失去双腿的残疾人在努力改变自己的生活，却经常遭到正常人的羞辱谩骂。"

大多数人看到这个故事后，都会觉得"这个人太可怜了""很同情他"，甚至有的人会为之潸然泪下。但是，这些感觉都属于"同情心"，而不属于"共鸣"。因为我们大部分人都没有失去双腿的经历，所以就无法跟自己记忆中的情境建立连接。当然，对于真正失去双腿的人来说，就另当别论了。

但如果我们把故事改成："一个失去双腿的残疾人，在加入残疾人劳动营的第一天，被更资深的残疾人羞辱谩骂，就连父母特意给他带的面包都被他们抢走了。"

这样一来，大部分人就很容易产生共鸣了。因为"被资深的人欺负"并不是由"残疾人"这个小众人群带来的，很多人都有过"作为新人被资深的人欺负"的经历，所以很容易就能产生记忆连接，从而引起共鸣感。

与文案手分享：

一汽奔腾的"让爱回家"文案，是一则成功利用人们的情感实现共鸣的文案。那么这种共鸣感的创造，在文案中具体怎么做呢？我们又该如何巧妙利用用户的情境来创造这种共鸣感呢？

有专业人士表示，寻找用户记忆情境中的某种阻碍，是一种最常见的做法。比如在苹果 Think Different 广告中，"与众不同的人"存在的"阻碍"是："我们因为与众不同，而不被周围的人理解。"

所以，为了创造与用户的共鸣，我们要去寻找用户记忆情境中的阻碍。这里要谨记一点：我们是从用户的记忆情景中寻找，而不是自己的记忆情境中寻找。在这个过程中，我们只需要为对方提供某种情感帮助即可。而根据不同的阻碍，最常提供的情感帮助有：

一、指出用户所遭遇的困境

当用户遇到一些困境的时候，正好是他情感最薄弱的时候。这时，我们甚至不需要付出什么具体行为，只要替他们发泄几句，就能与对方实现共鸣。

在此之前，我们要先找到用户正在遭遇什么困境。比如没工作、经常搬家、单身、肥胖、皮肤差等。然后我们就可以指出这些遭遇的困境，并为他们说几句话，如"你那么努力，工资还不涨，老板真瞎啊。"

像这种把赞美的话和指出遭遇的困境结合起来使用，很容易形成强烈的反差，让读者的情绪更加激烈，从而引发其深度的共鸣。

比如某房地产的广告文案："故乡眼中的骄子，不该是城市的游子。"就是先赞美读者，你是骄子，然后指出读者的困境，你居无定所。该文案就是因为直接写到了读者的心窝里，所以非常有共鸣。

二、对用户说赞美的话

每个人都喜欢得到别人的夸奖，所以我们在文案中也可以通过赞美，与用户达到情感上的共鸣。比如自然堂的广告语"你本来就很美"，就打动了无数女性的心，让她们在心里也纷纷表示："你说得太对了，我本来就很美。"

三、给用户指一条"明路"

给用户一个行为选择，但是，在这里我们除了要告诉用户具体该怎么做之外，还有告诉对方这条路的终点有什么，比如"这条路的终点有微笑、有朋友、有希望"。

就像在 NB 推出的"致未来的我"广告片中，一句"跑下去，天自己会亮"，让无数喜爱夜跑的人心动不已。再比如某房地产的文案"朝生活卖萌，它就朝你笑"，也让无数努力在外打拼的人把委屈的眼泪换成了微笑。

四、给用户一个合理的解释

对于用户遭遇的问题，给对方一个合理的解释。而所谓合理的解释，其实就是用户愿意看到和相信的解释。比如陌陌的文案："世界所有的内向，只是聊错了对象。"其实说白了就是在告诉用户：不是你不善于表达，而是你没遇到聊得投缘的。所以赶紧来陌陌吧，只要找到合适的聊天对象，什么都不是问题。

所以说，要想写出好的共鸣文案，我们就要先通过了解用户对某个人或事的情感，并在我们的文案中表现出相接近的情感。如此，我们就能感染到用户的情绪，实现和用户的情感共鸣。

004　人格特质让文案拥有"自传播"的魅力

经典文案回放：2013 年获戛纳银奖的椰汁广告

如果一瓶椰汁会说话，它会说什么？荣获 2013 戛纳文案
类银奖的椰汁广告文案是这样写的：

"我们椰汁所含的天然营养能帮助消化，进而降低体重。
但这不意味着你可以随心所欲地吃。

举个例子，吉娃娃狗和陶器就不可以。噢，我们竟然还需
要做这样的警告，真令人失望。

我们的椰汁能显著提升你的代谢。当然前提是你不是坐在
那儿一动不动。

除非你是个忍者。说真的，你真的是忍者？快，关注我们
的 Facebook。"

案例解析：

美国著名商业演说家斯科特·麦克凯恩在他的著作《商业
秀》中提到：用户最希望从企业身上获得 7 种"东西"，其中
第一种就是企业的"可沟通性"。而用户对产品的期待也是一
样的，尤其是在社会化的网络中，只有那些像"人"一样
"可沟通"的产品，对用户才更具吸引力。

就像文案中这瓶会说话的椰汁，它就像一个好玩有趣的

人，用简洁、逗趣、活泼的话和人聊天。而对消费者来说，比起那些毫无生命的物品，当然更容易对一个形象丰满、性格鲜明，并和自己有一定相似度的"人"产生感情，并保持一定时间的忠诚度。

另外，在很多消费者心里，他并不是要买汽车，而是要买速度、地位、野心、权力；也不是要买化妆品，而是要买美丽、自信、回头率，甚至是爱情。所以，我们如果能用文案把产品打造出一种独特的人格特质，就足以打动一大批用户的心。

尤其是在这个信息爆炸的时代，互联网的便捷和快速，让很多高度重复的内容反反复复出现在同类账号中。这就要求文案手创作的产品文案不仅要具有"人"的特性，还要具备"自传播"的能力，才能让更多的用户知道它、认识它。

与文案手分享：

我们已经知道，产品的人格特质对用户有着很大的吸引力，从而让用户自发地对其进行传播。所以，让产品文案能够"自发传播"，才是它最理想的传播和营销方式。那么，究竟什么样的文案才能满足"自传播"的必备因素呢？

一、文案要有情感

在一篇名为《别跑，抓住文案的小情绪》一文中，作者特意提到："人有七情六欲，以'情绪'为切入点的文案往往很容易引起共鸣。"如果我们把"情"这个词语进行拓展，不仅可以是情绪，还可以是情感。就像很多文案手都知道，最好的文案都是走心的文案，而最走心的文案都是有感情的文案。

在那些转发量超过 10 万的文章里，情感类的文章是最多的。而人性的情感，主要包括爱情、亲情、友情。其中，爱情最容易引起读者共鸣，也是最容易引发读者喜怒哀乐等情绪的情感；亲情最容易戳中读者的泪点，比如游子独自一人在外，触景生情等。因此，让文案成为情感的代言人，是和用户进行真心交流的有效途径。

比如回家吃饭 APP 曾出过很多系列的海报，像吃货箴言、"有人在点餐，有人回家吃饭"系列等，其口号就是"一切语言，不如回家吃饭"。该系列海报中的文案为"山东到福建，距离两千公里。在这，不过一碗粥的距离。""除了给爸妈打电话，中午订餐，是你唯一说四川话的机会。""每到饭点，两站地的国贸，就变成三千人的小饭桌。"……

试想一下，一个 20 多岁的年轻人，独自到异地求学、工作，日常只有快餐，家乡菜是他在梦里都久久想念的味道。看到这样的文案，相信只要心里所有触动的人都会选择关注一下这个 APP。

所以，我们需要把文案当成情感的代言人，只要让目标用户能在具象化的场景中找到与自己相似的情感诉求，就能有效引发目标用户的自传播行为。

二、文案要有观点和立场

每个群体都有自己独有的标签，比如"80 后"代表前卫、张扬、自信、平等意识强；"90 后"则被冠以个性、自我、独立、活泼、自由等标签。尤其在当今社会中，"80 后""90

后"已经成为各个产品的主要消费群体。他们有观点、有个性，拒绝平凡、拒绝平庸，甚至拒绝一切随波逐流。而这，也要求我们的文案同样要有观点和立场，能有态度地表达自我。

比如 2016 年 SK－Ⅱ广告"最后她去了相亲角"，一度被朋友圈刷屏。该广告通过采访数位大龄女青年，聊聊她们那个年纪最真实的感受，她们被父母逼婚、被亲戚劝告，甚至被说成自私无情，社会给她们的标签是"剩女"。

而 SK－Ⅱ作为日本顶级的护肤品牌，其目标用户都是具有高消费能力的女性。这次它站在"剩女"的角度去展现品牌理念，期望声张一种"要主宰自己的人生"的观点，以获得大龄女青年的喜爱和同感。这就是一种帮助"剩女"这类人群表达自我观点、彰显自我态度的一种方式。

三、文案要有趣味性

如今的广告文案形式千变万化，却万变不离其宗，归根到底，"好玩"才是王道。比如最近比较流行的"丧文化"，还有凯迪拉克创意的 30 秒短视频，都是在明确表达产品诉求的同时，又以标新立异脱颖而出。

就像微博上的"一句话毁掉小清新"，之所以能获得很多"自来水用户"的转发跟帖，就是因为它的内容实质就是"神转折"。比如"生活不止眼前的苟且，还有你前任的喜帖""春风十里，吹不动你""君问归期未有期，红烧茄子油焖鸡"等，大多采用了正向的前句＋反向的后句，其中所产生的落差感、自吐槽、恶趣味等特质，文案也多以押韵、顺口居多，从而更容易引发用户的自传播行为。

总而言之，文案的学习和创作都需要我们经过日积月累的积累，当我们的文案中能囊括情感、态度、趣味等因素时，也就不难诱导用户去自发传播了。

005 利用虚荣心给用户"洗脑"

经典文案回放：有思想的年轻人在哪儿都不太合群

"有思想的年轻人在哪儿都不太合群。"这句文案取自老罗英文培训班海报，如下图所示：

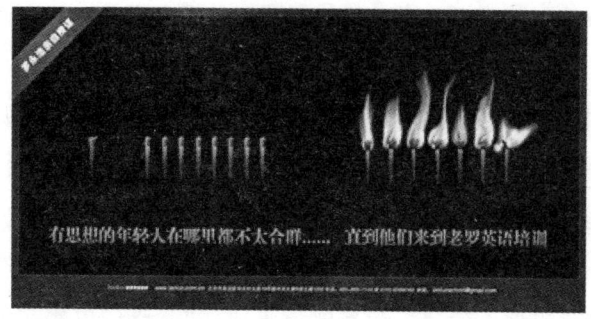

案例解析：

社会心理学家罗伯特·西奥迪尼在他的著作《影响力》一书中，从心理学的角度提出了6个能够影响购买欲的"影响力诱因"，其第一条就是"攀比"。攀比的心理依据是"从众效应"，因为从人类心理学的角度来讲，没有人喜欢被排除在外，所以人们会被一种寻求归属的需要所驱使。

比如当我们和"同类"攀比时，首先是想在同类中找到归属感，好让自己知道自己没有被排除在圈子之外。其次就是想要赢过别人，至少是在心理上，希望自己能产生一定的优越感，以满足自己的虚荣心。

而对文案手来说，如果能掌握用户的这一心理，将对文案的成功与否起到决定性的作用。因为人们的虚荣心无处不在，像买一块手表、买一部手机、买一辆车，哪怕只是简单的办公室零食，其背后都有可能有虚荣心的影子。即便购买者嘴上不说，但对方内心的潜意识却很可能是这样："你们看我的车多有品位""你们看我的喜好多特别""你们看我不仅有钱更有内涵"……

所以，文案手所写的文案就需要抓住人们这些不便明说的"虚荣心"，给消费者建立一个顺理成章的购买通道。比如蝉游记 APP 的广告文案："超多女生在这里写游记。"当女生看到这句话时会想："那我也要在这里写游记。"然后男生看到后也会想："那我也要来这里写游记，给我喜欢的女孩看。"一句话同时打动了两类人。而这种不一样的心理之所以会产生一样的行为，其心理诱因都是"虚荣心"在作祟。

试想一想，如果蝉游记 APP 的文案广告语只是简单的"发现旅游之美"，那文案就只能算得上是中规中矩，当用户看到它后无法产生攀比心，人们对它的兴趣也就没那么大了。

与文案手分享：

在文案中洞察用户的虚荣心理，并满足这种心理，看起来好像是一种不怎么光彩的商业手段，但这并不妨碍消费者被这种广告文案"洗脑"。就像很多消费者都知道"明星从不会用自己代言的化妆品"一样，可知道归知道，这并不妨碍消费者在看过该明星代言的化妆品广告后再买一套。而我们要想写出这种带有"虚荣心"的文案，一般可以通过以下几种方式实现：

一、瞄准用户的优越感下手

每个人都希望能从自己的东西中找到一定的优越感，所以从这里下手比较容易获得用户的喜欢。比如宝马的文案："在燃料让全世界烦恼的时代，说开车是一种乐趣是否是一种不敬？""豪华轿车的设计理念是，富人都是勤奋的人。""有钱的人仍在花钱，只不过花得更明智。"

在宝马的这几句文案中，它并没有用"奢华""至尊""特供""限量"等词汇来打造用户的优越感，但这样的文案一出，同样让目标消费者觉得自己"优雅""有内涵"。所以，文案怎么写，主要还是要看目标用户。如果我们面对的是一群"土豪"，相信直接用"彰显尊贵"这类词语更容易获得用户的喜欢。

另外，有些用户并不会承认自己内心的那点小小的虚荣心，但在购买东西的时候，这种心理却会清楚地暴露出来。比如某牙膏的文案："留得清香在，不愁没人爱"；某口香糖的文案："美女不会再对你皱眉头了"；某减肥机构的文案："世界上只有两种女人，一种是美的，一种是胖的"……

二、改变产品诉求

当一种新产品上市后，如果文案表示该产品能满足消费者的某种需求时，消费者可能会因为"想要保持形象"的虚荣心，而无法公开自己的需求。这时，我们的文案就应该避开原有的诉求定位，并重新开辟一个新的定位。

就拿众所周知的雀巢速溶咖啡来说，它在刚问世时一度遭到消费者的冷落。当时它的文案都是在表达速溶咖啡简单、快捷、方便等优点，文案手觉得这些观点非常符合消费者快节奏的生活需求。没想到，当雀巢的文案投入市场后，人们虽然承认这种咖啡的优点时，但仍然会选择购买其他的普通咖啡。

这是因为当时购买咖啡的用户主要是家庭主妇，作为主妇，当然很想省事，以减轻自己的家务负担，但当时的社会规范和舆论却认为：一名为了图省事而购买速溶咖啡的主妇不是好主妇。没有人愿意让自己的身上标上"不是好主妇"的标签，所以购买雀巢咖啡的人寥寥无几。

后来，雀巢公司换了一套文案，把产品宣传的重点转变为强调"可以让人们腾出更多时间和精力去做其他事情"，并强调速溶咖啡的味道和普通咖啡一样浓郁纯美。如此一来，不仅顺利扭转产品的品牌形象，主妇们也开始欣然购买了。

三、试着将目标用户限定为一个群体

有的文案手可能会担心：如果把目标用户只定为一个群体，会不会限定产品的用户数量？事实上，即便我们在文案中表现出"只允许某一类人购买本产品"的意思时，其他用户也不会真的对此"言听计从"。

比如万宝路，大家都知道它的文案核心是男子气概，但如今会抽万宝路的人却不一定都是具有男子气概的人。而那些不太"男人"的人之所以会选择万宝路，其理由也很简单，就是对男子气概的向往和自我标榜，简而言之，就是心底小小的虚荣心在作祟。

再比如说百事可乐，它的品牌文案定位为"年轻"，其文案诉求也在告诉人们"年轻人不喝那种老掉牙的可乐"。结果，不仅年轻人喜欢喝这种可乐，年纪大的人也喜欢喝，因为他们同样想要追求年轻，证明自己没有老。

最后，当我们的文案想要抓住用户的虚荣心时，如果运用反其道而行的方式，其实是个不错的办法。简单来说，就是不要说它的"尊贵"，而要讲讲它的"不尊贵"。比如芝华士的广告："假如你还需要看瓶子，那你显然不在恰当的社交圈里活动。""假如你还需要品尝它的味道，那你就没有经验去鉴赏它。""假如你还需要知道它的价格，翻过这一页吧，年轻人。"

在这几句文案中，芝华士并没有针对自己的目标用户，而是在对那些买不起的人说话。但是，它的每一句却都在暗示用户的"阔气"和产品的"高贵"，让它真正的目标消费者从购买中获得"虚荣心"上的满足。

006　依靠人性化创作网页文案

经典文案回放：某水果店网页文案

一个网页文案主要包括网站导航、栏目标题、告知提醒、状态、互动等方面。比如下图就是韩国某水果店的网页文案内容：

案例解析：

当我们在看一个网页的时候，其实就好像是在品评一个美女。先看"长相"，很多时候网页的视觉是我们首要关注的地方；再看"身材"，网页的结构是否良好，也是我们需要关注的重要标准；三看"性格"，一般一个人的性格往往会通过对方的言谈举止反映出来，而网页的性格则是通过网页文案展示给我们。

在一个网页中，好的文案内容不仅能向用户准确地传达信息，更能让对方感受到良好的感官体验。

这对于文案手来说，是一个巨大的挑战。因为大多数用户已经厌倦了毫无生气的机器语言，而大多数科技产品仍在将这种语言强加给他们。用户也受够了平淡乏味的网页界面，毕竟这已经操作几十年了。所以，他们迫切地想要看到能让自己感到舒适、轻松、亲切的文案界面。

用户需要轻松的体验，身为文案手的我们，就有责任付出一切代价为其提供这样的体验，并且要用一种有意义的方式区分我们的产品。当然，这也就意味着我们需要花费更多的时间，才能保证我们的产品说的是人话，而不是机器语言。

与文案手分享：

当我们在网页界面创作文案的时候，是为了告诉用户"我是谁""我是做什么的""我能提供什么"……引导用户直观地了解网站，并快速找到对方想要的信息，从而提高用户的转化率。那么，这样的文案该如何撰写呢？下面，我们就来看一下网页设计在写文案时，都有哪些技巧。

一、文案手必须非常了解自己的产品

很多网站的页面上经常会写："我们的产品功能十分强大！"但到底强大到什么地步？用户无从了解，甚至可能文案手也没有搞清楚他们的产品到底是做什么的，才会写出这样空洞的句子。

所以，我们写网页文案的第一步并不是遣词造句，而应先用几句话把产品的主要功能说清楚。当我们知道自己的产品是什么，明白它能做什么，理解产品对应的需求以及要解决的问题后，我们就找到了写出好文案的关键点。

二、网站文案应该准确、简洁、易读、统一

网页文案的目的是为了给用户传达一种信息，只要说明白就好。所以文案最好能单刀直入，最大限度地降低用户的理解负担。像那些间接、暧昧模糊的说法，或者过于生僻的用词，都应尽量避免。毕竟文案只是沟通工具，最有效的传递信息才是它的任务。简单来说，就是大白话，使用日常常用语，平铺直叙即可。比如直接在网页上显示"验证码错误"就比"验证码不正确"更恰当。

除此之外，有些网站的文案明明是一个意思，但总是南腔北调各不相同。比如一个登录：这里说账户，那里说通行证，过会儿又说 ID。类似这样的说法，会让用户迷惑，所以我们撰写文案时一定要注意文案的统一性。

三、进行"一对一"式的个人化写作

我们要清楚一点，人们总是作为个体，而不是团体在阅读营销文字。就拿一本拥有百万读者的杂志来说，它上面附有的广告在一次时间内，也只能被一位读者看到。但很多文案手却经常犯这样一个错误，即"对着满屋子的人讲话"。

因此，我们需要扭转一下思路。想象我们对面坐着的是我们的最佳潜在用户，我们要做的就是盯着对方，并谈论该如何满足对方的个人需求。也就是说，为了提升网页的反馈率，我们要从个人化的角度向目标用户陈述自己的观点，就像我们在进行一场一对一的谈话一样。

四、以外部信息为导向

有些文案手在撰写文案时，总会习惯性地侧重说"我们将提供什么"，而不是"你将得到什么"。我们不妨改变一下，试着把文案中所有用了"我们""我们的"的词语改变成"你（们）""你（们）的"。比如把"我们将提供 24 小时的即时服务"改为"您将获得可信赖的、一天 24 小时不间断的即时服务"。类似这种外部导向性的语言，对用户会有更大的吸引力。

此外，在网页设计的人称选择方面，不少文案手都会把用户当作一个虚拟的第三方，通常都是选择"用户""他们"这类人称。如此，我们就忽视了一点：网站是以界面为媒介与用户的直接对话，我们是在和一个真实的人沟通。比如在现实生活中，我们会称面前的人为"你""您"，而不是"用户""他们"这样的第三人称。

所以，在网页中使用第二人称，更能体现出产品与用户的近距离感，让网站的界面成为一个拟人的人格后，也更容易让用户进入真的对话中，更有利于我们指引和鼓励对方操作。比如"当您投资成功时，我们会发送短信提示"就比"我们会为用户发送投资成功的短信提示"更适合。

五、网页文案也需要交互

让用户在读过我们的信息后进行反馈，并根据反馈信息进行处理，就是网站的"交互"。比如微软的帮助会在最后向用户提问"这个答案对你有帮助吗？"如果用户对其进行回答，该网站的客服就可以跟用户实现交互。

而我们在对网站的"帮助中心"进行文案设置时，同样可以参考这样的方式，或者直接把用户常见的问题列出来，这样就能方便用户快速找到一些问题的答案。然后，我们还可以把帮助中心中获得的反馈放到论坛里，让原本死板的帮助中心具有灵活的交互性。

007　用声音传播产品信息

经典文案回放：华帝集成厨房广播广告文案

1. 华帝集成厨房 10 秒广播文案：

穷比厅堂，富比厨房。华帝集成厨房，集厨具之大成。地址：原一宫；电话：3848……

2. 华帝集成厨房 30 秒广播文案：

蟑螂：我是蟑螂，我最近饿坏了！我住的地方换了华帝整体厨房，一点脏东西都没有，好可怜啊！看来又得搬家了……人们怎么都用华帝整体厨房啊？

女：拥有一套整体无污染的厨房吧，漂亮、健康，就连老公也爱下厨房！

案例解析：

广播广告的最大特点，就是单纯运用声音来传播广告信息。这种方式虽然具有迅速、方便、灵活等优点，但也有很多不足，比如保存性差、选择性小等。所以，文案手在撰写广播广告文案的时候，首先要在声音的表达上下功夫，争取创作出清晰明朗、容易记忆的广播广告文案。

而广播广告的声音主要包括有声语言、音乐和音响三大要素。其中，有声语言是广播广告的核心部分，像产品或企业的广告信息，都必须借助有声语言才能传播到听众那里。所以，在一则广播广告中可以没有音乐和音响，但绝对不能没有有声语言。

广播广告中的音乐主要是为了创造优美的收听环境，以达到渲染广告气氛的作用。尤其是情感诉求类的广播广告，如果没有音乐，很容易使广告语言变得单调和乏味，但配上一曲令人难忘的乐曲后，就能使广告更具感染力。

广播广告的音响，主要是为了给广告创造现场感，以便把听众带入特定的情景中。它主要包括自然音响，如海浪的喧嚣声；环境音响，如机器轰鸣声；人物音响，如掌声、笑声、喧闹声等。

在了解广播广告的基本要素后，文案手还需要对其播放方式有一定的了解，方便我们撰写出更符合产品特点的广告文案。广播广告的播放方式有 3 种，即：

1. 由播音员根据广告的主体内容，通过或平和，或激动，或假装不明白地自问自答等方式，直接播读文案稿。

2. 由男女播音员各饰一角色，通过一问一答、安排情节、插科打诨等方式，直接介绍广告的主体内容，以取得听众的信任。

3. 通过人声语言表演的形式，如相声、快板、说唱、大鼓、小品、讲故事、戏曲片段等，来传播广告的主体信息。

与文案手分享：

广播广告文案与平面广告、电视广告等表现形式不同，它是一种只凭借声音来传递信息，从而广而告之的听觉广告。所以，文案手在进行文案创作时，必须树立"适听"观念。

一、为"听"而写

由于广播广告主要是依靠"听"来传播信息，所以文案手需要善于挖掘和利用广播媒介"听"的特性。比如加入有趣的对话、生动的音响等丰富的听觉素材，让广告更具吸引力。然后再将广告与目标用户日常生活中的听觉经验结合起来，引导他们认真地"听"。要想达到这些目的，我们可以从以下几点入手：

1. 掌握有声语言和书面语言的差异性

广播文案的目的是传播信息，那就要让听众每字每句都能听得清、听得懂，并能正确理解广告创意。这就要求我们在撰写文案的时候，对其语言要认真精选、反复推敲，避免使用谐音词、同义词或多义词，以及那些容易产生歧义和误导性的词语。

比如"向前看"和"向钱看"；"伤风"和"商风"；"致癌"和"治癌"等，都非常容易使听众产生误解。所以，我们必须把它换成那些准确且无误的词语。

除此之外，选择使用广播广告传播信息的产品，最好是一些与人们的物质、生活密切相关的商品，这才容易说得清楚、听得明白。像有些高科技消费品，里面大多都会包含一些符号和外文字母，如果单纯地用声音来解释，是非常不易的，因此这类商品并不适合广播广告推广。

2. 要注意语言的亲和感

为了增加广告的真实感和形象性，广播广告一般都会采用人物对话和人物独白式的文案。再加上播音者还需要将人物的形象、个性、情绪、感情色彩等传达给听众，以表现出生动、真实、可信的人物形象，而不是那种一出场就摆出推荐产品架势的方式。

所以，我们在撰写文案的时候，要善用人类的听觉形象，使受众能产生联想，使其产生身临其境的感受。比如猎犬牌防盗报警器的广播广告文案：

（音乐渲染出惊恐的气氛）

（沉缓地）一个寂寞的深夜。

（音乐继续，低沉的脚步声响起）一个窃贼的身影。

（音乐继续，突然响起警铃声）一鸣惊人的警铃。

（音乐继续，急促有力的脚步声）一声威严的喝令："住手!"一名落网的惯犯。

"带走!"（一阵远去的脚步声）

独白：防盗保险，请用猎犬牌防盗报警器。猎犬牌报警器保您的文件和财产防盗、安全!

这篇广播广告就运用了形象感极强的文案语言，再加上音效和音乐的渲染，为听众营造了一个捉拿盗贼的情景。其中，低沉的脚步声和响亮的警铃声，更使听众仿佛置身其中。

二、广播广告文案的写作要求

广播广告文案的写作除要遵循文案的一般规律外，还要遵循广播的特殊规律。所以，我们在撰写广播文案时，要做到以下几点：

1. 需要适当重复

广播广告具有声音稍纵即逝的缺点，为了补足这一点，加深听众的印象，广播广告文案可以在品牌名称、产品卖点和联系电话等关键字眼上适当重复。比如三星照相机《教学篇》的广播广告就采用的这种方式：

（男）老师读：S－A－M－S－U－N－G，SAMSUNG

（女）学生译：三星

（男）老师读：C－A－M－E－R－A，CAMERA

（女）学生译：照相机

（男）老师读：SAMSUNG CAMERA

（女）学生译：三星照相机

（男）老师读：SAMSUNG CAMERA ISVERY GOOD

（男、女）齐说：三星相机盖了帽了

音乐起，伴随厚重的男声：SAMSUNG CAMERA

在这则广播广告中，文案手为了强调三星照相机的品牌，就是通过老师给学生上课为创意点，让三星的品牌巧妙地进行多次重复，从而达到加深听众印象的目的。

2. 要注意突出品牌形象

塑造品牌形象，是广告最直接的目的。但因为听众无法直接见到产品以及产品被使用的情境，所以广播广告需要更注重氛围的营造，引发听众的想象，从而使产品的形象在目标用户的头脑中丰满起来。比如华润油漆的广播广告文案：

工地上嘈杂的轰鸣声

独白：选油漆，我们就用华润的，质量上乘，绿色环保，关键人家把咱老百姓的安全当回事！选健康，当然选华润！

旁白：华润漆，漆业真专家！

最后我们要注意一点，受广播广告规格的限制，如果按照每分钟170字的普通语速计，一般30秒的广播广告可容纳85个字，15秒可容纳45个字，5秒最多容纳15个字。所以，广播广告的文案撰写，一定要通俗口语、便于播音；提示商标、适度重复；形象生动、亲切感人。这要求文案的语言要少做作、少粉饰，不要夸张和空洞。

第 2 章 | 惊鸿一瞥的标题，来一个！

001 从标题打开"好奇心"的缺口

经典文案回放：杭州偶遇王思聪开公交车

2016 年 12 月，一篇名为"杭州偶遇王思聪开公交车"的文案标题瞬间吸引了大家的注意，然后快速获得了无数人地点击。

看过内容才知道，原来是某网友晒出了一张杭州公交车司机的照片，该司机小哥与王思聪"神撞脸"，简直就像是王思聪失散多年的"哥哥"。网友拍下照片后还特意@王思聪，戏称："体验人间疾苦去开公交车了。"

案例解析：

文案的标题，一般要向读者展示一个特殊的、有兴味的形象小场面，然后用简洁的笔墨介绍背景或问题。如果你想让别人阅读你的文案内容，就必须激发对方足够的好奇心。因为只有一个可以引发人们好奇心的广告文案，才会吸引很多来人来点击阅读。

比如，益生堂三蛇胆的文案标题："益生堂三蛇胆为何专作'表面文章'？""上火啦""战'痘'的青春"；佳百娜红葡萄酒的文案标题："今晚，你准备'亲吻'佳百娜吗？""佳百娜 5 岁了，尚未开封""咦，怎么少了一个人？噢，他被佳百娜'迷'住了"；还有一致全家福的文案标题："今天请倒过来看广告——一致全家福到了!"……都比较符合新奇性的特点，能够有效勾起他人的好奇心。

被称为"广告怪杰"的大卫·奥格威说过："阅读标题的人数是阅读正文人数的 5 倍。除非你的标题能帮助你出售自己的产品，否则你就浪费了 90% 的金钱。"所以，我们需要给文案设定一个好"缺口"，以吸引人们的注意力并顺势阅读下去。而"好奇心"就是能打开"缺口"的有效方式。

这里涉及一个"好奇心缺口"的问题，这个说法来自美国卡内基梅隆大学行为经济学家乔治·洛温斯坦。在他看来，当我们觉得自己的知识出现缺口，即想知道什么事情却不知道时，好奇心也就产生了。

与文案手分享：

既然"好奇心"是让读者点开文案的不二法宝。那么，到底使用什么样的标题才能打开读者的好奇心缺口呢？

一、使用能够刺激大脑的词语

有专业人士表示，像写新闻那样写标题是一个不错的方法。比如在标题中嵌入"令人惊奇的""强烈推荐""忽然"等这类词语，能够直接刺激人类的神经，从而激发对方的兴趣。

而根据 Takipi 管理服务的调查显示：在标题中使用"惊人"和没有使用这个词的文章比起来，社交网络上的阅读量和转发量都有很大的增加。为什么这个词会有如此强大的效果？

根据专业广告人格雷戈里·伯恩斯的说法："这意味着我

们的大脑觉得突如其来的惊喜更有价值，这跟人们说自己喜欢什么没有太大关系。"因为我们的大脑更喜欢出人意料的内容，所以像这种具有未知意义的词汇更容易刺激我们的神经。所以，在面对这个词语的时候，即便我们对事情本身并不感兴趣，也会为了满足自己的好奇心多停留一会儿。

由此可知，如果我们的文案中有"新闻"要发布，不要藏在正文里，直接在标题里说出来。比如"Twitter 话题标签的惊人历史和 4 种充分利用标签的方式""Instagram 八大惊人最新统计最大化地发挥了图片社交网络的作用"等，都是能够引起人们"八卦"心理的文案题目。

二、巧用戏剧化的效果

通过在文字中展现正反比的形式，就是一种以戏剧化的效果引发读者好奇心的方法。比如西泠冰箱的"今年夏天最冷的热门新闻"；健力士黑啤酒的"怕黑，那不是白白地活着吗？"香港硬石餐厅的"HARD ROCK 只有一天穿衣规则，请勿遵守规则"……

像这种在标题中制造意外的方法，对读者来说，是能够吸引对方注意力的第一步。当然，我们要注意，千万不要为了让人意外而意外，如果我们的标题无法让人联想到产品，那即便标题再如何新颖，也是失败的。

三、利用人们的逆向思维

利用读者的逆向思维，就是利用对方的"逆反心理"。比如当某文案的题目中出现"千万不要往下看"这类文字的时候，请你相信，这一句话是能够引发读者心理上、思想上的小小波澜。他会想：这么一段内容，你开头就告诉我"千万不要往下看"，到底是什么内容？到底是为什么呢？

更何况，大多数人都有一种"逆反心理"，就是我们越不让他往下看，他越是想往下看。像"这个千万别看，我是认真的""做一个不好相处的女人""我突然不想做一个安静的美男子"等标题，都是利用逆向思维来吸引大家的眼球。

总而言之，我们一定要记住：标题是我们这个文案的广告，没有做好这个标题，就没有人会来看我们的广告内容，广告内容没人看，就相当于我们在做无用功。

最后还要注意一点，请别用那些没有针对性，仅仅只是为了能够吸引眼球的标题，这只会让人觉得我们在扭捏作态或故作机灵。所以，请谨记：我们文案标题不仅需要吸引很多眼球，更需要吸引合适的眼球。

002　把用户想要的结果提炼在标题上

经典文案回放：好彩香烟的广告语

结束了休假式治疗的 Draper 回到公司后，发现自己原先的女下属变成了上司，还被要求要在周末两天的时间为一个品牌写 25 条商业广告语。

这原本是不可能完成的任务，Draper 却仿如缪斯附体、文曲星下凡一般，用一个上午的时间就写好了，其中就包括为好彩香烟写得那条流传至今的著名广告语："It's toasted，you are OK。"到今天为止，这条广告语依然被印在好彩烟盒上。

案例解析：

每个优秀的文案手都知道，别人之所以会看我们写的文章，是因为我们的文章有价值。所谓"有价值"，就是读者看到这篇文章的题目后，能知道自己将从中得到什么好处，这样读者就很容易判断这个文章是不是对自己有用，要不要点进去看看。好彩香烟的这条广告语正是如此，一句"你可以"更让人们得到了自己想要的结果，进而广受大家的好评。

驰誉世界的广告宣传与销售培训大师德鲁·埃里克·惠特曼在《吸金广告》中也说过："把产品最大的好处放在标题里。"因为读者无论在了解一个产品还是阅读一篇文章的时候，都会下意识地思考："这对我有什么帮助？"如果对方扫了一眼标题后，觉得和自己没什么关系，那这篇文案就会被放弃掉。

因此，我们最好能在标题中告诉读者：你读了这篇文章后能得到什么好处。如"月薪 3000 与月薪 30000 的文案区别"，一般读者在看到这个题目的时候都会产生一定的好奇心，然后就会想着："到底月薪 30000 的文案是如何做到的，我该向他学习什么？"

与文案手分享：

写好一个标题，是文案手的基本素质之一，标题的好坏与能否激起用户的点击阅读兴趣有着直接的关系。而写好一个标题，也意味着我们已经知道整篇文章该怎么写了。要想直接把用户想要的结果提炼在标题上，我们可以遵循以下两点原则：

一、给用户最直观的感受

无论是写一句企业宣传语，还是写一段微博或一篇博文，我们写文案的目的，都是为了让别人去进行分享，以形成第二次、第三次的再传播。

而99%失败文案的共同特征，就是总说些用户不明白的话。比如一个美国外教线上教学的产品在做推广时，如果它写"本产品经过国家教委批准""国内唯一指定……""通过ISO9001认证"……说这些根本没用，因为用户对这些没有直接的感受，不知道自己能从中得到什么，更不会和身边的人说起它。但当它在广告中说："在这儿上课就跟你在美国一样。"不仅一下就让用户明白其中的意思，还会说给别人听。

要知道，太过于书面化的文案可能适合用户去读，但他绝不会在生活中也这样说话，更不会把这句话说给别人听。这也是为什么生活中的大多数人，都不会选择用书面语来传播和交流的原因。而一旦发生这种状况，我们想要传播的信息也就断了。

二、让用户看得懂

让目标用户看懂，是为了对信息进行更好地推广。比如某大妈在小区里跟其他大妈说："今天美廉美超市买5升鲁花花生油，买2送1啦。"因为这个文案的信息很明确，让人一听就明白，所以众大妈会奔走相告。但如果超市的活动写出"在超市购物有神秘礼物赠送"这种信息，难道要让大妈A悄悄跟大妈B说："你知道吗，今天超市有神秘礼物赠送。"听起来不就很怪异吗？

像这种"让用户看得懂"的文案标题，有人特意总结出这样一个公式："谁" ＋ "怎么做" ＋ "可以得到什么好处"。举一个简单的例子，如"老乡参加红军可以分到土地"，看完这个标题后，我们就能知道，"谁？"老乡；"怎么做？"参加红军；"什么好处？"分到土地。如果我们把标题换成"为了共产主义事业参加红军吧"之类的，你确定老乡知道什么是共产主义事业吗？

再拿一篇名为"今天做人流，明天就上班"的广告标题来说，"谁？"要做人流的女性；"怎么做"做人流；"什么好处？"明天就能上班。直击目标用户想要的结果——明天就能上班。毕竟对很多需要的女性来说，人流就是心病，怕被大家发现，怕拖拖拉拉耽误事儿，这类人想要的结果是什么？想明天就能上班！

但如果文案手换一种说法，把标题写为"最高超的人流技术，××医院"，对目标用户来说，这篇文章并不能解决自己目前的问题，它不能让自己明天就能去上班，也无法帮助自己尽快解决做人流这个烦心的事情，所以这篇文章就会被直接"pass"掉。

总而言之，我们写文案，就是为了让大家看到之后，还很乐意把它说给别人听。所以，我们要避免写一些像"鲜为人知的秘密武器"这类自娱自乐的文案标题。因为这些题目写出来后，除了你自己，谁也不知道它在说什么，更别提还要把它说给别人听了。

003 用数据给人直观的概念

经典文案回放：策划小白 2 年从月薪 2000 到年薪 50 万

"策划小白 2 年从月薪 2000 到年薪 50 万"是一篇职场晋级的文章，无数职场人在看到此标题后都选择了点进去看看。因为从这样的标题中，我们很容易产生身份代入感，再加上里面有 3 个数字，2 年、月薪 2000、年薪 50 万，每个数字都能让读者跟自己的情况产生对比，然后就会想知道跟自己一样的人是如何做的。

但如果文案手把标题换成"我从一个屌丝变成了策划大师"，就太没边了。用户不会对它产生任何概念，所以别说点开了，指不定能直接把这篇文章给删了。

案例解析：

数据具有很高的辨识度，能够给人一种信息含量高、专业度强的效果。所以很多优秀的文案手都会选择在标题中使用数据，以此来激发目标用户产生点击它，并从中获得有价值的东西的欲望。

所以，一篇拥有数据的文案标题能够让其更具刺激感，使文案的效果被无限放大，也更有利于话题的传播。就像做文案策划，大家都知道文案策划是个"烧脑"的活儿，年薪 50 万却让这件事看起来非常有价值，这就是数据带给我们的视觉冲击力。

有些文案手写文案时，总觉得自己写得很好，但就是没人看。这也许是因为我们的标题不够吸引人，无法让人产生想看的欲望，而我们的标题与好标题之间，也许只差一个数据。比如"文案小白必备的标题公式"和"文案小白必备的 7 个标题公式"。看着两个标题，你更想看哪一个呢？相信选择有数据标题的人，肯定会比选择没有数据标题的人要多。

所以说，阿拉伯数字是个好东西，能够让人瞬间就对一件事有量化的概念，比如说"公司有优厚的薪资福利"不如说"月薪 12000 元"；说"让你的职业生涯取得质的飞跃"不如说"从月薪 3000 到年薪 30 万"；说"从胖女人变成苗条女人"不如说"从 140 斤变成 90 斤"……

每个人心里都有一个关于自己的"数据"，我们只要在标题中说出一个数字，用户马上就会用这个数据和自己的数据进行对比，然后立刻就能判断出这篇文章是不是值得一读。

与文案手分享：

既然数据如此重要，那么我们到底要把数据用在哪里呢？一般情况下，当标题中出现能够"数出来"的名词，如月薪、分享数、转发数、公式、秘密、方法、秘籍、套路等方面时，我们就可以加上数据。

比如："创业 3 年，我给父母买了 300 平大别墅""从 220斤减到 140 斤，我只做了一个动作""3 个文案秘籍，让你的广告点击率提升 100%"……但是，数据要怎么用才能让它的效果最大化呢？我们来看以下几点：

一、找一个能量化的指标

找一个能量化的指标，再放一个有刺激性的数字，相信更容易激起用户的点击欲，如果没有太强烈的数据刺激，也可以选择放入一个普通数据来引起读者的关注，否则这篇文章就会被忽视掉。以下两个标题就是没有量化指标和有量化指标之间的区别，我们可以对比一下。

标题1："小米的营销攻略，都在这篇文章里了！"

标题2："小米创造300亿人民币利润的秘密，都在这篇文章里了！"

二、忌用与卖点无关的数据

与文章卖点无关的数据，只是单纯的一个数字，它不会产生任何意义。比如以下两个标题就是如此。

标题1："这个学校用200节课、300个案例，让我的工资涨了不少"

标题2："只在这儿学了3个月，我的工资就涨了一倍"

"课程和案例的多少"与"学了就涨薪水"这个主题不存在任何关系一样，所以第二个标题更符合"涨工资"和"用很短的时间或方式涨工资"这个卖点，也更容易打动目标用户。

三、数据之间要有对比

标题1："小白文案终于拿到了7000月薪，分享我的血泪奋斗史"

标题2："一年之内月薪翻10倍，分享一名文案小白的血泪奋斗史"

直接说月薪7000，因为没有对比，读者无法对它产生概念，所以效果不大。如果有一个对比，让小数据变成大数据，读者就会自发地进行一下脑补，进而产生强烈的阅读欲望。

四、数据要具有价值可视化

标题 1："用了这个面膜，我的皮肤变好了"

标题 2："只用了 3 天，这个面膜就让我的皮肤焕然一新"

简单的"皮肤变好了"无法让用户产生任何概念，"3 天"让用户对文案的内容产生价值可视化，也使文案更具形象化。

另外，就广告文案而言，对数据的应用最好要记住三条原则，即：1. 精准传达信息最重要；2. 能用阿拉伯数字，就尽量别用中文；3. 犯嘀咕时，以第 1 条为准。

这并不是说中文数字不如阿拉伯数字，而是有一定科学依据的。西南大学的心理学院曾做过一个看起来很严谨的奇偶数判断实验，最后得出这样一个结论：

口语形式的中文小写和中文大写数字，都要比视觉形式的阿拉伯数字的绩效逊色。从错误率上来看，中文大写数字的错误率最高，中文小写数字的错误率居中，阿拉伯数字的错误率最低；从反应时间来看，中文大写数字的反应时间明显长于中文小写数字和阿拉伯数字。

这些结果表明，尽管中文数字作为一种音、形、义结合的符号系统，在空间分布和视觉形式的表义特征上与阿拉伯数字有更多的相似，但在被加工时，仍然与阿拉伯数字存在显著的绩效差异。

所以，我们需要更加灵活地运用数据，让我们的文案变得更具象、更具说服力、更吸引人。

004 把标题场景化

经典文案回放：是时候来 Silberman's 健身中心了

Silberman's 健身中心曾以"是时候来 Silberman's 健身中心了"为标题做广告推广，该广告如下图所示：

案例解析：

Silberman's 健身中心的这则广告选择用一个胖子做代言，再利用广告牌的倾斜角度形象地告诉用户："再不减肥，广告牌都要倒了。"这则广告就是用场景化的广告语，清晰地抓住了众多胖子的痛点，让人们下定决心减肥。

现实生活中，我们每个人都有高频的生活场景，如挤公交、看球赛、吃饭、减肥、跟老公撒娇、偷看美女……如果再细分到每个人的不同职业，比如一个文案策划，就需要每天"烧脑"做 PPT、Demo 等。所以说，作为一名文案手，我们越了解用户生活的真实场景，写出的标题就越容易击中用户的内心，文章的点击率自然也就越高。

而带有场景化的标题一般都是这样的："写给谁" + "目标用户痛点"。比如农夫山泉的广告语"我们不生产水，只是大自然的搬运工"就成功击中了用户的痛点，农夫山泉整个文案都没说自己是"纯天然"的，而是给了大家一个感性的场景画面，直接把纯天然的水搬运给用户，没有任何添加剂，绝对安全。

试想一想，如果我们把这个文案换成"纯天然矿泉水，选择×××"，作为消费者的你能想象到它是怎么一个纯天然法？估计不少人都会表示："哦，我还是喝大自然的搬运工那款吧。"

所谓场景化的标题，就是设计一个产品的使用场景，让用户能通过场景进一步认识产品。当用户遇到同样的场景时，就会自然的脑海中想到该产品。比如"怕上火就喝王老吉"这句广告语，因为它所使用的场景就是去火，那么当我们上火的时候，脑海中想到的就是王老吉而不是祛热药。

另外，同样的产品，在不同的场景里，它所代表的意义也是不同的。就拿白酒来说，它在不同的场景中，性质也会随着不断变化。比如放在超市里，它是一件即将出售的货物；放在药店里，它是一瓶药酒；送给亲戚朋友的时候，它又变成了一件礼物。

就像"送长辈，黄金酒"的黄金酒就是极具场景化的文案标题，它把黄金酒的产品场景定位得非常清晰。最明显的地方就是，当我们去超市买一瓶自己喝的酒时，很少会有人买黄金酒，但当我们要买点酒送长辈时，选择它的可能性就会很大。

所以，文案手要学会给我们的标题定位，也就是让标题更具场景化。这样的定位，能够让目标用户快速在众多信息中找到你，就像图书馆的图书编码一样。而现实生活中场景无数个，我们只需要找一个属于文字自己的场景即可。

与文案手分享：

场景化对标题有着不可代替的作用，下面，我们就来具体了解一下场景化标题的各个方面：

一、场景化标题的魅力和特点

1. 具有强烈的代入感

场景化的标题之所以能够充分调动起读者的情绪，很大一部分原因是它具有很强的代入感。就像我们在看小说、电影的时候，总会在不经意间将自己想象成故事里的主人公，时而为他们感到高兴，时而又为他们的不幸遭遇落泪。

比如阿迪达斯和耐克每年都会签一批 NBA 大牌球星，并为他们奉上数以亿计的大合同，其实就是在利用球迷的代入感。当球迷穿着和偶像一样的鞋子时，就会产生一种心理暗示："我可以像乔丹、科比一样，投中那些绝杀球，并带领球队获胜。"

2. 场景化的定位都是从"小"入手

场景化的文案标题通常描述的都是某个人的经历，比如之前豆瓣评分很高的《血战钢锯岭》，就是通过一个医务兵来体现血浓于水的战友情，以及人与人之间的信任和人间的大爱。但这种"大爱"恰好由一名小小的医务兵来体现，才会激起观众的情感。

我们在写文案标题的时候同样如此，因为用户已经厌倦了那些毫无吸引力的大道理，所以在题目中讲个普通人的故事，并赋予其情感，才更容易获得用户的青睐。

比如支付宝的10年账单有话说系列的文案："看数字都说你败家，打开账单才知道你多持家，赞一个""钱包比男人靠得住，每天早上刷余额宝，你懂的""信用卡还款一直准时，永远都是最后一秒，哈哈哈"……这就是典型的讲普通大众场景的例子，却充满了人情味。

3. 场景里会产生共鸣

共鸣感的产生，在一定程度上是基于受众也有同样的经历，从而产生了相同的情感。所以，我们在写标题时要尽量去揣摩读者之前的经历、情感，以便和他们产生共鸣。让读者看到我们的文案标题就能产生"哎呀，他说出了我的心声"的感觉，从而对文章内容进行点击阅读。

比如聚美优品的经典广告："你只闻到我的香水，却没看到我的汗水""你有你的规则，我有我的选择""梦想，是注定孤独的旅行，路上少不了质疑和嘲笑，但那又怎样。哪怕遍体鳞伤，也要活得漂亮"……

很多年轻一代看到这个广告后，都会有一种"说到我心坎里"的感觉。广告讲的是代言人陈欧自己的故事，但文案中提到的"质疑""嘲笑""孤独"等，却都是我们在成长路上都会经历的事情，自然可以感同身受，产生共鸣。

二、如何去设计一个场景化

1. 先找到可支持产品的使用场景

这需要我们对产品有充分地了解，比如要知道产品的客户是谁？他们在哪里聚集？有哪些需求？他们最迫切的需求是什么？再根据产品的功能、形状、口味、延伸功能等基因，找到相对应的多个消费场景。比如剃须刀便于携带的特点，我们就可以设计一个装进口袋的场景等。

2. 找到产品的现有竞品

对现有竞品的梳理，主要是为了让我们避免去做鸡蛋碰石头的事。一旦遇到强势的对手，我们还可以选择另外一条路。毕竟，生活中的使用场景是非常丰富的。

3. 确定产品特有的场景

对特有场景的确定，是为了强化用户的心智。但是，我们在使用场景的时候要切忌"贪多"。比如我们需要为一款饮料设计场景，表示它能提神、能养颜、能补脑、能降暑……这款产品看起来无所不能，但对于用户来说，都是没有用的。

也就是说，即便我们的产品功能再强大，我们也只需要选择一个最符合自己的一个特定场景即可。然后将这个场景中的最大痛点描述出来，我们就可以占领消费者的心智，从而引发传播和销售。

最后，场景化的标题，主要是为了给用户提供一个消费提示。当用户遇到这个场景的时候，就等于得到一个提示，也更容易让用户对该产品产生购买欲。简单来说，标题的场景化就是要建立一根连接用户和产品的线。一旦线的一端被触发，用户就会走向另一端，也就是最终的消费。

005　往标题里融入符号化元素

经典文案回放：固安新城，天安门正南 50 里

"固安新城，天安门正南 50 里"是固安新城的广告语，看到它，就会给人一种该地挨着天安门的感觉，非常"高大上"。这是因为，天安门是一个众所周知的中国元素符号，能够快速获得目标用户的好感。

如果我们换一种说法，把它改成"固安新城，南三环正南 20 里"。一眼看去，估计很多人都只有一种"这是什么野地儿"的感觉，没有半分感触。但事实却是，它们说的是同一个地址。这就是符号化元素的魅力所在，能够让产品产生高下立见的效果。

案例解析：

有些地标、名人、每天常见的事物等，因为能带给人们熟悉的感觉，所以天生就能让我们产生信任感和好感。如果我们的文案标题中能够融入这些元素，不仅更容易得到读者的好感，当用户帮我们进行传播的时候，也更容易脱口而出。

比如曾有一篇名为"日本体育女主播走红被赞范冰冰杨幂混合版"的标题一度火遍网络，大家看到后，都很好奇这个范冰冰和杨幂的混合版到底长什么样子。

但如果我们去掉令大家感兴趣的名人符号，标题就变成了

"日本体育女主播走红"。什么感觉也没有，因为一名女主播走红跟我们没有半点关系。

与文案手分享：

我们一直在强调，在如今这个"信息爆炸"的互联网时代，每分每秒都无数新的信息诞生。要想从这些"信息海"中"脱颖而出"，吸引用户点击和阅读，写出一个好的文章标题是必需的。其中，在内容优质的情况下，在标题中对符号化元素进行运用，也许是一个帮助我们获得 10W＋的有效方式。下面我们就来看看，往标题中融入符号化元素的方式有哪些？

一、借地标

需要借助地标的标题一般都是新楼盘、新景点等方面的广告语，因为还不被广大用户所知，所以需要借助较为出名的地标符号来完成宣传推广。像"固安新城，天安门正南 50 里"就是典型的"地标式"符号标题。

二、借名人

这是一种利用名人的出现，达到引起人们注意、强化事物、扩大影响的名人效应模式。这种方式目前已经深入到我们生活中的方方面面，具有深远影响。比如名人的代言广告能有效刺激消费、名人出席慈善活动能带动社会关怀弱者等。

简单来说，这就相当于一种品牌效应，它可以带动人群。比如马云、张朝阳、刘强东、王思聪、"奶茶妹妹"等，不管他们发生什么事情，都会有一个自带吸粉、吸睛的功能。如果我们的标题能和名人搭上边，借着名人的噱头，定能吸引不少读者的眼球，如："张小龙谈产品设计的 10 大要素""曾被马云禁播的视频：外国人拍的马云""吴晓波：这次泡沫制造计划比4万亿低调"……

另外，名人也不一定非得是国内外的知名人士，也可以是某行业内的大咖或专家，如："日赚一万，创业达人教你如何选准方向""PS大师××告诉你从零学PS""标题大神手把手教你怎么写好标题"等，同样能够产生不错的效果。

三、借热点

根据百度指数、微博热榜等，抓住社会上的热门事件、热门新闻，并以此为文章的标题创作源头，通过大众对社会热点的关注，来引导读者对文章的关注。比如"神六采用爱国者U盘，能重复擦写百亿次""周鸿祎：学习郎平好榜样""每壹分，都是超越"（平安钱包'蹭'国足1：0战胜韩国的热点）……

还有当地文化、节日以及具有特殊意义的事件等，同样也是可以"蹭"的热点。总之，用户的聚焦点在哪里，我们的文章标题就尽量往哪里靠。

四、借标点符号

标点符号是一种具有高度抽象的符号，它能够表达出许多抽象概念，帮助读者脑补出标题中所蕴含的情绪。另外，人们天生对符号有着很强的辨识度，所以它能在标题中起到非常好的效果。下面我们就来具体看一下：

1. 问号

问号的使用一般是为了提出问题，促使读者关注并对其产生兴趣。多以陈述转为反问的形式出现，能够让读者怀着解答问题的心态来关注标题内容。比如"百万级大号的第一批粉丝是如何获得的？""石榴婆报告篇篇10W＋是怎么练就的？"

相信很多运营编辑都希望去学习精华和经验，以提高运营技巧和阅读量、增长粉丝。

这就是戳中了用户痛点，让他们能怀着解决问题的心态去阅读。但如果这两篇文章的题目是"探寻百万级大号首批粉丝活动秘籍""揭秘石榴婆报告篇篇 10W + 原因"，由于没有明显被加强的语气，核心内容也不突出，所以无法引起读者的共鸣。

除此之外，还有一种是疑问悬念型标题，比如"为什么大部分中国人穿西装不好看？""为什么特别成功的人每天都穿一样的衣服？"这样的问题中因为含有悬念，所以更容易吸引读者的好奇心，并获得对方的关注。

2. 省略号

标题中的省略号能很好地突出悬念，有效达到欲言又止的效果，给读者留下充分的想象空间。它多用于揭晓答案、出乎意料的结果、期待已久的事件等。比如有篇名为"中国首富向银行心脏插刀，银行破产模式开启"的文章，在修改标题后瞬间就获得了无数点击量，改标题被改为："打劫！中国首富向银行心脏插刀，银行破产模式开启，我们的钱……"

修改前，这篇文章给人的感觉更像是一篇普通的新闻，并且没有告诉人们最为关心的问题："当我们存钱后，我们的钱会怎样？"修改后，该标题就很好地利用了人们这种"关心自己的钱"的心理，并使用了省略号，吸引用户去点击，看看到底会如何。

3. 叹号

一般感叹号的使用，是为了表达惊讶、赞扬、愤怒、伤感等比较强烈的情绪，以吸引读者关注，并让用户脑补出相应的情绪。比如有文案手把"微信公众平台五大功能更新"改为"后台又崩溃了？其实它又更新了五大功能！"

标题修改前，虽然微信的内容已经是用户比较关心的问题，但由于使用了陈述句的方式，所以显得很平淡，也没有什么吸引力。但修改后的标题，先是以"每次更新后台都会出现不稳定"做铺垫，再结合感叹号的使用，加上让大家知道："后台出现问题不要难过，因为这意味着又有新功能可以使用了。"让用户的情绪由悲到喜，从而对文章内容产生浓厚的兴趣。

以上就是往标题中融入符号化元素的相关技巧，如果我们能对其进行有效的运用，相信同样可以写出令人"一见倾心"的标题。

006 用新颖的观点做标题

经典文案回放：家里这些东西居然比马桶还脏！ 99% 的人还不知道！

看到这个标题后，很多人都会觉得诧异："还有什么东西是比马桶还脏的呢？难道是垃圾桶？这么惊奇，我要赶快看看。"看过内容后才知道，原来我们家里的筷子、键盘、手机、砧板、牙刷等都是非常脏的东西，摸完后一定要洗手！

就拿筷子来说，有数据显示，近 50% 的人体内都有致胃病的幽门螺旋杆菌存在，这些细菌大多都是家庭传播，而筷子正是重要的传播渠道之一。再加上家用筷子的使用频率高，且长期用水洗涤，导致筷子的含水量特别高，很容易产生黄色葡萄球菌、大肠杆菌等细菌。如果长期使用，会很容易染上肝炎、痢疾、急性胃肠炎等消化道疾病。因此，筷子最好能每3个月到半年就更换一次。

再说手机，有检验结果显示，手机每平方厘米驻扎的细菌约有12万个，超过一个门把手、一只鞋的细菌量，主要被污染部位为手机按键部。谁能想到，一部手机上竟然有这么多的致病菌，喜欢一边玩手机一边吃东西的人要注意了！

案例解析：

如果说内容是一篇文案的灵魂，材料是文案的躯体，那么标题就是文案的眼睛，它是文案灵魂的再现，更是躯体的焦点。所以，写文案，一定要拟一个好的标题。好的标题有着非凡的作用，它能引起读者阅读正文的强烈愿望和极大的兴趣。

比如有篇叫"北京城的地下埋着什么"，乍一看这个标题，就给人一种神秘之感，让人忍不住想点击。事实上，此文原标题"走进地下城"，改标题后在微信上一经发出，每日点击量都很高，持续了一周的高点击量才开始下降。这就是采用新颖的观点做标题的作用。

与文案手分享：

如果我们能给一篇文案拟定一个新颖别致的好标题，不仅能让文案增色不少，还能有效吸引读者的目光，令他们产生耳目一新的感觉，进而对文案的阅读量和转发量都会起到非常重要的作用。

对于观点新颖的标题，我们一般有三点要求，即：求
"新"、求"异"、求"真"。

一、刻意求新，不落窠臼

文案要"新"早已为人所共识，而作为文案之"眼"的
标题同样如此。有时我们为了拟定一个好的文案标题，往往要
写几十个题目，以便能从中挑选出最具新意的。比如"大便
能治你的病""唾液可以让你更健康"这样的标题。因为它能
有效激发读者对真相的渴望，让读者能够向科学家一样自由探
索，所以更容易获得人们的关注。

二、生动形象，以"趣"引人

要使文案标题博得读者的兴趣，就需要在"趣"字上下
功夫。比如《羊城晚报》上曾有过一则报道，标题是"老板
变卦，空姐变脸"，这则标题的语言就非常谐趣，并且生动贴
切，让读者对其内容立刻产生浓厚的阅读兴趣。当然，我们提
倡趣味性，但并不是为了趣味而趣味，像那种以离奇、庸俗、
低级趣味去迎合部分读者口味的做法，还是少用为妙。

三、标题的语言要秀丽

语言美妙、句子传神的标题，能够让人产生乐意一看的情
感。所以，我们在写文案标题时，最好能讲究点文采，尽量把
标题写得妙趣横生、情景交融、兴味盎然。比如上海《文汇
报》曾作过一则标题就深受行家赞赏，该标题为"唐韵一曲
惊四座，梅师知音识良才"。

一般情况下，只要我们撰写的标题能达到以上几点要求，
相信我们的文章定能获得读者的关注。

007　WHCB 法则是文案手的福星

经典文案回放：午拍 92：女朋友处于 18～40 岁的男生要注意了

"午拍"是微信上发起的一个线上拍卖项目。在这上面，读者可以通过拍卖获得数量有限的新鲜生活体验；品牌可以通过拍卖嵌入品牌信息进行宣传；《城市画报》微信则通过拍卖获得拍卖收益或品牌宣传的费用。

这篇文案的本质是经过精心策划的广告，但在看到这样一则文案标题后，相信能无视它的人并不多。所以文章的点击量一直居高不下，粉丝的参与度也非常好。

案例解析：

奥格威曾说过："标题是大多数广告最重要的部分，代表着一则广告所花费用的 80%！"此话一出，瞬间让无数标题党活跃起来，为了写出有趣、吸引人、让人想立马点开的标题可谓煞费苦心。

像上面的"午拍"就是一个典型的案例，再比如曾在朋友圈中火爆一时的"很多人在毕业多年后的同学会上跟老同学坠入爱河"。这篇文章直接摘选了一本杂志上的情人节特刊——"24 种进入爱情的方式"中的一篇，原标题叫"她的时间特别慢"。在微信上发出的时候，直接把文章中的第一句话改为标题名称。很明显，与杂志上的原标题比起来，这个标题更加直观，也更适合于网络阅读。

当我们拟定的文案标题能做到这几点，即吸引用户的注意力；有新鲜出炉的新闻；能引发人的好奇心；能让人打开内容读下去，那基本上就能让大部分读者感兴趣，并能打开内容看看里面写的是什么。

要想让标题达到这样的效果，有专业人士特意总结了一套WHCB 法则，以帮助文案手们能更快地写好标题。

与文案手分享：

有专业人士将 WHCB 法则分为感性和理性两个维度，具体如下图所示：

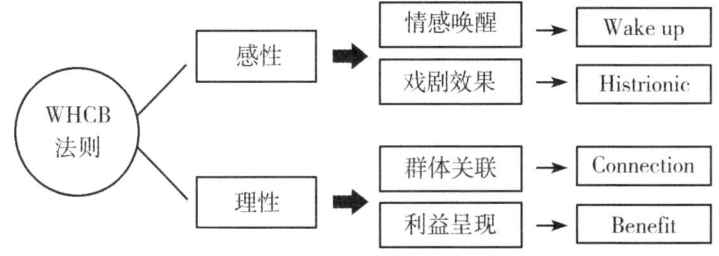

下面，我们就来具体了解一下什么是 WHCB 法则？

一、W——情感唤醒

作为文案的脸面，标题必须能刺激到别人，只有唤起用户的情感并激发其兴趣，才能让对方将目光聚焦到我们所写的文案身上。对大多数人来说，与人有关的懒惰、色欲、贪婪、好奇、恐怖等情感，更容易起到推波助澜或缓解情绪的作用，而这些，正是每个人的兴趣点。另外，态度鲜明的观点或挑战权威的看法，同样可以让人的情感产生反应。

比如"未成年人用品，口味果然独到呀!""焚烧的纸钱，祖宗收到了吗?""自断经脉的打工族，如何利用挤地铁时间成功上位?""你还在搬砖? 他用这个方法已经躺着把钱赚了"……像这种能够让人产生感情、引发共鸣的场景，就属于能够唤醒用户情感的标题，所以它们的点击量和转发量都不错。

二、H——戏剧效果

标题中的戏剧效果，主要是为了让人眼前一亮。要想做到这一点，我们就需要在标题中制造冲突点，以带动用户的兴奋点和好奇心。比如"刚毕业的实习狗，为何让工作 3 年的你下不了台?""直播睡觉爆红网络，有没有伤到默默无闻的你?""月入 1500 游遍欧罗巴，这位'95 后'是这么做的"……

另外，我们还可以把一些常规的事情非常规说，非常规的事情常规说，或是让物品拟人说话等，让人产生新奇的感觉。比如"优雅拒绝加班不安全指南""杨贵妃搞直播，画风大约是这样的""xing 福已上架! 请自觉领取"……这类题目总能给人耳目一新的感觉。

三、C——群体关联

很多文案手都觉得自己写的文章就是给所有人看的，但事实却是，所有的文章都是为了给特定的人群看的，像关注"孕期准备"一类文章的人肯定都是准爸妈。如果我们把这个问题放到标题中来讲，就是说标题具有自动筛选读者的作用。所以，标题一定要指向明确，让我们的目标受众一眼就能辨识到。

比如写给学生的文案，标题中就可以出现"学校""选课""考试"等词汇。如果是写给广告策划者的，那标题中就可以出现"加班""客户""创意"等语言，如"营销狗坐地铁的 12 种姿势，有毒"。

除此之外，生活中还有一些能够代表某种群体的集体符号，比如"95 后""二次元""御宅族"等。像这种更具广泛性和识别性的符号，也会让文案具有明显的情感偏向，并能很好地吸引相关人群。比如"刷脸晒腿跑步三件套，没想到你们是这样的'95 后'""不愿将就宁可单飞？剩女爱情观和你想的不一样"……

四、B——利益呈现

都说"不见兔子不撒鹰"，用户在不知道文案能给他们带去什么好处的前提下，怎么知道该文值不值得看？所以，我们要学会在标题中为目标用户呈现他所感兴趣的"利益"，这样才能把用户最关心的"痛点信息"突显出来，然后快速找到核心人群。

比如"5 张图告诉你奔三还单着的感觉会有多糟""文案狗翻身做主的 3 件法宝，拿去！""性感如范爷、汤唯等女神，为何只选择了这款口红？"……这类标题都是在无形中帮助别人提炼了文章内容，能让用户在短时间内找到掌握"世间真理"的既视感。

看，写标题和写好标题之间，其实只隔着一个 WHCB 法则，我们只要能把握好标题和内容的关联性，并掌握好标题与情感的连接度，就能写出令人眼前一亮的标题。

008　平面标题的禁区

经典文案回放：文案标题精选

1.《和玛莎·史都华一样掌握市场先机，且不必像她那样做内线非法交易》——结合实事的标题。

2.《日本主管有哪些美国主管没有的优点？》——在标题里提出疑问。

3.《点火烧烧看这张防火材质优惠券》——在标题中给读者建议，并告诉读者应该采取哪些行动。

4.《为什么有些食物会在你的肚子里"爆炸"？》——在标题中使用能够让读者脑中浮现画面的词汇。

5.《"强化隔离润滑油"在金属表面形成保护膜，让你的机械工具寿命延长 6 倍》——在标题中创造新名词。

6.《国防部已宣布一项轻松降低预算计划》——在标题中传递新消息，并运用"新推出""引进""宣布"这类词汇。

7.《在时速 60 英里的驰骋下，新劳斯莱斯的最大噪音来自电子钟》——具体说明内容的标题。

8.《超过 50 万英里的飞行记录证明，我们的凸轮轴在保证期限内运作优良》——在标题中引述见证。

9.《你必须买进的唯一科技股，不是你想的那一支！》——勾起读者的好奇心。

10.《揭露华尔街的潜规则》——在标题中承诺要公开的秘密。

案例解析：

标题，是文案手打入任何市场的"第一线"。如果我们的标题无法吸引用户的目光，就意味着它很快就会消亡在浩瀚的广告大潮中。而我们的标题，正是我们利用消息吸引和影响受众的一个大机会。

就像约翰·卡普尔斯在《测试广告的方法》一书中讲道："我会在标题上花费很多个小时——如果必要的话，会花很多天。当我写出一个好的标题之后，我就知道，我的任务差不多就完成了。"由此可见标题的重要性。因此，标题又被称为广告中的广告。无论文案是一封冗长的销售信，或是一则微小的分类广告，还是一本书，都适用于这一点。

与文案手分享：

为了更好地创作出吸引人的文案标题，我们需要了解一下标题中的禁忌，以免自己千辛万苦完成的文案踩到"雷区"。

禁区一：创作标题时的注意要点

1. 不要为了咬文嚼字而把标题写得太短，这可能会导致我们的标题不能圆满的表达观点，让人读起来满头雾水。

2. 不要写死标题，就是那种看起来辞藻华丽，犹如广告口号般工整，却又言之无物的标题。

3. 不要为了宣扬"机智的神回复"，而放弃原本清晰的信息点，这会让标题看起来很"傻"。

4. 标题中不要只罗列事实，因为那毫无魅力可言。

5. 不要尝试没有标题的口号。

禁区二：广告法

2015 年 9 月 1 日起，新广告法正式施行。根据广告法，极限用语不得出现在商品列表页、商品的标题、副标题、主图、详情页以及商品包装等位置。一旦使用，商家将被扣分，并遭到 20 万元以上、100 万元以下的罚款，情节严重者将被直接封店；若顾客投诉极限用语并维权成功后，赔付金额将由商家全部承担。

其中，极限用语包括国家级、世界级、最高级、最佳、第一、首选、最好、顶级、最高、最新技术、国家级产品、填补国内空白、绝对、独家、金牌、名牌、全网销量第一、全球首发、世界领先、顶级工艺、极致、王牌、独一无二、万能等词汇。

除了不能使用这些极限词汇之外，还不得贬低其他生产经营者的商品或服务。如果是药品、医疗器械之类的广告，不能含有不科学表示功效的断言或者保证，说明治愈率或有效率等；如果是食品、酒类、化妆品之类的广告，则不得使用医疗用语或易与药物混淆的用语。

第 3 章 | 直戳痛点，开头就要欲罢不能

001　悬念式开头，吸引人往下看

经典文案回放：枪

出租车一直在前进，坐在后座的女孩的脸却越发难看。司机始终不怀好意地透过后视镜瞅着她，再想想新闻上时不时就有"女孩失联"的故事，女孩暗暗后悔自己怎么这么大意。

这时，女孩看见司机的右手从方向盘上挪开，往下伸，不知在摸什么。"大概是扁钻或刀子。"女孩僵直着身子想到。车窗外一片漆黑，正是当地的山间，也是歹徒最容易下手的地方。"要动手了吗？"女孩下意识地坐直身子，冷汗不停地往外冒。

但什么事也没发生，司机的手又伸了上来，放在方向盘上，什么东西也没拿。但女孩却看到司机再次从后视镜上掠了她一眼，这一眼非常狠毒，让她的冷汗再度冒了出来。

女孩要去的地方终于到了，出租车一停，她立刻打开车门冲了下去。刚松了口气，才想起自己还没有付钱给司机，便走到司机窗口边，把手伸到旅行袋里掏钱。突然，车子迅速往前冲去，然后很快拐了一个弯消失在不远处的街角。女孩最后看到的，是司机无比惊慌的神色。

她怔怔地站在那里，觉得莫名其妙，然后才看见自己旅行袋的右方开了一个口，有一节枪管露了出来。那是她在当地特意为家里的小孩儿买的玩具枪，但因为枪管太长，所以无法全部塞进旅行袋里……

案例解析：

悬念，是人们对事物发展变化所持有的一种急切期待的心理状态。在文案的开头设置悬念，能让文章显得眉目传神，以帮助我们将后面要展开的故事情节巧妙地表现出来。

因为每个人都有好奇心，充满探究欲。所以我们的文案也可以利用人们的这种心理，用某个人物、事物，或某种现象、情景等，引起读者关注，却又有意不立刻告诉读者结果，吸引对方去寻求谜底，从而有效增强文章的吸引力。

所以说，悬念式的开头法，就是在文章的开头设置扣人心弦的悬念，以激发读者的阅读兴趣。比如有人写了这样一篇微型小说："地球上最后一个人独自坐在房间里，这时忽然响起了敲门声……"小说虽短，却能让读者心中产生无数问号。

这种利用读者的期待心理制造的悬念，能够使文章的主题在更深的背景中得到深化，产生很强的艺术魅力。

而悬念式的开头，除了场景方面的，还可以是情节、感情或人物方面的。比如"'信任危机'之下，婚恋网站何去何从？"这篇文章就这样开头："时下流行'剩斗士''必剩客''斗战剩佛''齐天大剩'等'剩'系列网络语言。"看似一句不起眼的话，却能勾起人们的好奇心，婚恋网站和这些"剩"系列网络语言有什么关系？然后就能诱使读者继续读下去。

与文案手分享：

悬念式的开头既然能一下子抓住读者的心，激发人们去思考，并起到引人入胜的效果。那么，我们要如何才能写出悬念式的文案开头呢？

一、设置问题，引出下文

在文案中用问题开头，是很多文案手都会使用的悬念式开头法，它能瞬间勾起读者的好奇心，吸引读者继续读下去。

这种方式分总领和引出两种，一般都是上文说明某件事或某种道理，下文回答"为什么这样说"；或者上文流露某种感情，下文对其进行具体阐述。比如老舍先生在《济南的秋》开头写道："诗的境界中必须有山有水。那么，请看济南吧。"

二、巧用反常行为

文案一开始就以人物的反常行为开头，引人发思，产生疑问。比如有篇文章在开头写："一天，两天，一个多月过去了，每当日落西山的时候，小鞋匠都忍不住要向路口张望，希望能从落日的余晖中看见那个高大的身影。"一句话就调动起了读者的思想：这个小鞋匠在路口张望的这个高大的身影是谁？为什么他要张望？文章巧妙地利用了小鞋匠的反常行为，勾起人们的好奇心，吸引读者继续读下去。

三、善用对比

这种方法往往先写人们已经认定定势的东西，然后提出与之相反的看法。因为任何事物都有正与反、肯定与否定两个方面。人们在日常生活中往往只承认一个方面而忽视另一方面，如果我们抓住"另一方面"大做文章，就会使人感到突兀的同时体会到主题的新颖别致。

比如曾经有人曾在一篇文章的开头这样写道："愚公，早已被称为艰苦创业、持之以恒的楷模，但我却认为愚公确实是愚。"读了这样的开头，读者会产生疑虑，从而诱导对方继续读下去。

四、巧用倒叙

使用倒叙开头的目的，就是为了设置悬念，引起读者的关注，激发读者的兴趣，并增加文章的曲折，显示文章的布局之美。比如运用回忆的方式，在文章开头写某人或事后对一些事或人的看法、评价，随着这样的回忆，读者的思绪也被带入当时的情景中，通过诱发读者的情绪，让读者产生代入感，吸引读者读下去。

有些文案手可能会觉得，这种回忆的形式出现得太多了，显得比较单一。其实倒叙开头的角度是非常丰富的，比如先安排一个引发故事的场景；先介绍与故事情节紧密相关的人物；先摆出一个悬而未决的问题；先截取一个精彩的事件片段；先交代一个起线索作用的物件；先显示故事或人物的结局等。

无论哪种角度，都能迫使读者产生追究起源的想法，然后情不自禁地、迫不及待地读下去。

最后我们要注意一点，给文章开头设置的悬念要简明扼要，不能啰唆，与悬念无关的内容不要写，并且悬念的点要集中。

002 开门见山，效果也不错

经典文案回放：曾国藩一天必做的十二件事

"主敬、静坐、早起、读书不二、读史、谨言、养气、保身、日知所亡、月无亡所能、作字、夜不出户"，是曾国藩给自己及后人定下的修身十二法，这十二条中，又有八法可供现代人借鉴。常常谨记并严格执行，必事有所成……

案例解析：

在《曾国藩一天必做的十二件事》这篇文章中，作者在开头就运用开门见山的手法，写到曾国藩给自己及后人定下的修身十二法。然后有对这些事情进行分别论述，向人们讲述它的必要之处，从而引发了无数人对此文进行点击、阅读、转载。

而关于开门见山的写作方式，不少人都表示赞同。比如：

李涂说："文字起句发意最好。"

梁启超言："作文最要令人一望而知其宗旨之所在，才易于动人。"

陈眉公讲："文章最要单刀直入，最忌绵密周致。"

他们所说的这些话，都是在强调一篇文章的开头要干净利落，不要拖泥带水。

如"曾国藩一天比做的十二件事"一文中所采用的叙述方式，文案手先点明中心思想，再一点一点地铺陈开来，就是所谓的"开门见山，落笔扣题"。

而开门见山的写作方法，就是要求文案手必须根据主题和事物的感受有自己的真知灼见，形成判断，然后提炼出文中的论点。也就是说，文案手需要在写之前就胸有成竹，心中有底。只有这样，才能在面对任何题目时，都能直截了当、不绕圈子、开篇点题。这样的方式简洁明快，既省力，又能引人入胜。

与文案手分享：

开门见山的方式主要有两种，我们来看一下。

一、直接开头法

直接开头法一般用于人物事件中，需要具备时间、地点、人物、事件几个要素。根据运用特点的不同，我们又可以将其分为：从时间入题、从介绍人物入题、从复述标题入题、围绕中心思想入题等。

比如中公教育专家冯曙平在《申论写作热点：加大力度治理环境污染》的开篇就写道："随着社会经济的高速发展，人类和环境的和谐关系失去平衡，环境污染严重影响人类的生活质量、身体健康和生产活动。水资源的污染、室内环境污染、大气污染等都直接对人类的健康带来危害，环境问题已经成为社会问题，引起了政府部门的重视。"这就是典型的从复述标题入题，写法干脆利落，入题快捷，不枝不蔓，所以受到了很多人的青睐。

另外，直接开头法，是一种使用最多、最广泛的开头技巧，它可以与任何一种结尾技巧搭配使用。

二、直接点题法

直接点题法，从字面上理解就是直接点明文案标题。这种方法的特点就是，文章一开头就把记叙的人或事、说明的对象、议论的事理等直接摆出来。或直接释题，或设问入题，或摆出中心论点，让读者直接面对题目所描写或议论的对象，没有距离感，从而能很快地进入我们创设的情境中。

比如朋友圈曾有篇"网络是把双刃剑，有利也有弊"的文章就采用了这种方法，它在开篇直接说："网络传播的煽动性可好可坏，网络传播效果具有双面性。"

最后，文案手在使用"开门见山"的开头时，还需要特别注意以下几点：

1. 如果是叙述类的文案，最好能在开头交代事情的起因及必要的要素；

2. 如果是具有政论性的文案，开头直接提出中心争论点即可；

3. 如果是鸡汤类的文案，开头就要点明中心，并托出文章的"神"。

总而言之，看门见山要合情合理、不牵强、生硬。要简明、干净利落，不能枝蔓横生、故弄玄虚，使人眼花缭乱，甚至厌烦，从而失去其应有的效果。

003　使用情景对话开头

经典文案回放：立体声器材广告

纽约施德林音响公司要推广一款立体声器材，为了让用户更加清楚产品的各项功能，文案手采用情景对话的方式开头，创作了以下文案：

琳达："实话说，我丈夫买了一堆施德林音响零件，他说他要装一台立体声，你能想象吗……"

弗雷德："琳达，装好了，你听！"

琳达："弗雷德！那该不是你装的玩意儿发出来的吧？"

弗雷德："当然是！施德林把零件给我，我就成了伙计……把它们装到一起。"

琳达："……肯定有方便操作的说明书吧……"

弗雷德："一步一步地就像一张地图，我自己的小小探险。刚才的这堆施德林音响零件现在……"

琳达："……棒极了！一点点劳动就换来一大堆音乐，你和施德林简直是绝妙的组合。"

弗雷德："而且还是一个省钱的组合呢，这投资多棒。"

播音强："和施德林配合，到你喜欢的电器商店，让他们给你看看施德林音响器材的全部品种，你会发现省钱其实非常容易，而且省得漂亮。"

案例解析：

人物对话式的开头有多种表现形式，比如有一个人的自言自语，有两个人的交谈，也有多人的议论。这种通过人物相互交谈的方式，将产品的信息内容介绍出来。

这种形式比较生动活泼，并且极富生活气息，再加上音乐和音响的烘托，能够为整个文案内容创造出一种特定的情绪和氛围。如此一来，对话者所说的内容也会比较容易吸引听众的注意力和收听兴趣。

使用对话开头，可以引起下文，起到吸引读者、灵活运用的效果，常常能收到一种巧妙生动的效果。比如《一场"激战"》的开头："'啊，快来看呀！'从外屋传来姐姐的大叫，我们停下手中的活儿，纷纷跑到外屋去。只见一只又肥又大的灰老鼠……"这段别具一格的开头，以姐姐的一声惊叫起笔，紧紧地抓住了读者的注意。

另外，在情景对话中，经常面对的就是可信度的问题，因为经过创造出来的对话往往会有人为和表演的痕迹，会导致语言不自然，所以听起来比较像几个人在照本宣科的诵读对话。因此，文案手在编写对话文案时，要注意把产品的信息自然而然地从对话中流露出来。

与文案手分享：

情景对话式的开头有直接陈述、两人或多人对话等方式，下面我们就来具体了解一下：

一、直接陈述

直接陈述式的开头，就是由文案手先将广告文案写好，再由代言人或播音员直截了当地说出来的广告形式。这是一种在电台广告中最常见，也是最基本的表现形式。

一般情况下，这种类型的文案都是通过精心构思的有头有尾的小故事，或情节片断来传播信息内容。其特点是故事生动有趣，能够引人入胜，能够让听众通过那些娓娓动听的故事接受广告内容，并对产品产生好感，从而成为产品的消费者或潜在消费者。

比如"参参口服液"的广告就是通过这种形式来表现的，其文案最开始就是"朋友，我给你讲个故事。"然后开始讲述该产品的来源、优点等信息。

在广告中，文案手通过丰富的联想和想象将产品拟人化，精心构思了一个娓娓动听的爱情故事，并赋予"参参口服液"爱打抱不平、维护人类健康的正义形象，给人们留下了深刻的印象，并获得了许多用户的好感和信赖。

二、对话式广告文案

所谓对话式广告文案，就是通过两个或两个以上的人物相互交谈的方式，将产品的信息内容介绍出来。这种方式不仅很容易吸引听众的注意力和收听兴趣，也是一种较为普遍的广告形式。

就拿某款减肥指南的文案来说，它就是采用这种双人对话的方式，让人们对该产品产生的浓厚的兴趣。具体文案内容如下：

女："对不起，请问您是最后一个从奥马哈来的飞机上下来的吗？"

男："当然是啦，我下飞机后就剩下飞行员了。"

女："那就奇怪了，我丈夫也是搭这趟班机回来的，可我怎么没有看见呢？"

男："他是怎么的长相？"

女："个头跟你差不多，就是有些胖，还有点溜肩膀。"

男："溜肩膀？我没见过这个人。"

女："哦！"

男："我也感到奇怪，我妻子说是到机场来迎接我，怎么也没来呢？请问您是不是见过一位女士，个头跟您相仿，胖墩墩的，还有点大屁股？"

女："没见过。咱们去机场问事处打听一下好吗？"

男："好呀。"

女："来，我替你提这只大手提包吧。"（文眼）

男："您知道应该怎么提吗？"（文眼）

女："知道，我刚从克莱格小姐《减肥指南》上学到了正确提拿重物的姿势。"

男："怎么，您也读过《减肥指南》？"

女："是啊，全书 21 讲，专教男女减肥的方法。"

男："那就太巧了。我在奥马哈也买到克莱格小姐的这本书，而且每天在旅馆里按它练习。如今我的腰围已经下去了 3 厘米了。"

女："练习起来还挺容易，是吧？"

男："看你手提包上的名片，你也叫安德鲁？"

女："不，我丈夫叫安德鲁，我叫格蕾丝。"

男："那就太奇了，我妻子也叫格蕾丝。"

女："安德鲁!"

男："原来是你呀，格蕾丝!"

女："可不是吗!"

男："你可真是苗条多喽!"

女："你也完全变样啦!"

男："我也不敢认你了。"

女："别一本正经了……真逗，安德鲁，呵!"

像这种对话式的"神展开"，不得不说，真得非常有趣。

除此之外，我们还要注意一个问题，即涉及"心照不宣"这个错误的推理。比如有一男一女用一分钟的时间来谈论一种薄脆饼干的"美味""特别"等特点，却没有告诉人们它到底是奶酪味饼干还是小麦饼干？是咸的还是甜的？是圆的还是方的？还是别的什么？简单来说，就是只有参与交谈的双方和文案知道对话的内容在讲什么，听众根本没弄明白，这就会产生一种本末倒置的现象。

004　借用他人之口设置开头

经典文案回放：韩媒关注中国游客"打架"风波

2016年9月，环球时报中有一则"8名中国游客在韩国济州岛殴打当地餐馆女老板"的视频在韩国网络上扩散，瞬间引发了一片骂声。

文中表示，事件起因是中国游客从外面买了酒进入餐馆饮用遭到拒绝，因此就与店主和服务员发生口角进而"施暴"。当时事件的现场非常紧张，店主的女儿甚至曾高喊："杀人了，快向警察报警。"

对此，韩国的《国民日报》更是发表了一篇名为"严惩中国游客"的社论来表达当地人的"义愤填膺"。之后，中国驻济州总领事馆方面却向《环球时报》的记者表示："商家老板娘为中国朝鲜族，涉事双方均为中国公民。"

在这篇新闻的最后，记者采访了辽宁省社科院研究员吕超，请他对韩国舆论的过激反应表达了看法。吕超回答："济州岛是韩国著名的旅游品牌，在韩国整个旅游收入中占比很高。赴济州岛的中国游客数量逐年增加，遇到个别素质不高的游客，就一棒子打死抹黑全体中国游客，甚至上升到中国人的'高度'，这并非为商之道。"

并表示："济州岛方面应该关切中国游客的诉求，思考如何能让中国游客有宾至如归之感。另一方面，对国人来说，有些游客确实应该注意提高素质。出国旅游，要时刻想着自己是中国人，代表着中国人形象去其他国家做客，应该做符合自己身份的事情。"

案例解析：

借用他人之口的用法最常用于新闻类文案中，比如在上面这则新闻的最后，文案手就是为我们提供了客观性报道的技巧，即"借用他人之口"对新闻事实表达观点。而这种采访专业人士，并借用其权威身份对新闻事件进行表态的方式，不仅能体现出新闻写作的专业范式，更能增强新闻的说服力。

像这种新闻类的文案，真实性是最基本的原则，一旦新闻不能继续坚持其真实性，新闻就将失去它存在的价值意义。

与文案手分享：

用事实说话，是新闻类文案写作的基本规律，其含义在于，文案手能把自己的思想观点隐藏在事实的叙述中，让受众者在接受新闻报道时，能自然而然地"悟出"与文案手倾向一致的观点。而借用他人之口，正是让这种一致的观点"顺理成章"的有效方式。下面我们就来看一下，如何有效在文案中使用"借用他人之口"：

一、直接引语

"直接引语"是新闻类文案中经常会用到的写作方式，它也被人们称为"实引"，即实实在在地引述别人说的话。而实引又被分为"引原话"和"引大意"两种。其中，引原话时，要求文案手必须加"引号"，并有说话人的真实身份、姓名；而在引大意时，则不加"引号"，但也需要有说话人的真实身份和姓名。

比如在一篇新闻报道中，文案手开头就是这样写的：马克思在《〈莱比锡总汇报〉的查封》一文中，把"根据事实来描写事实"和"根据希望来描写事实"作为区分"好报刊"和"坏报刊"的标志之一，他认为好的报刊应该是"根据事实来描写事实"的。在这篇文章中，引号所用部分出自马克思的文章，所以是一种采用了引原话的方式。

再比如说，在一篇名为"王岐山怒点财厅"的文章中，开头就是一句"财政厅来人了没有？"这是常务副省长王岐山面露怒色、双眉紧锁问的话。一开始就生动地勾勒出广东省常务副省长那种严肃务实的领导风格，引语的运用更是让整篇新闻"活"起来。

所以说，在报道文案中直接引用某个人的原话，已经成为现代新闻写作不可或缺的手法，西方经典新闻教科书更是将这种方式称为"新闻写作不可分割的组成部分之一"。比如美国哥伦比亚大学新闻学院的教授梅尔文·孟彻就曾说过："如果新闻中使用了直接引语，读者就可这样推断：既然新闻事件的参与者在直接说话，那么这件事必定真实无疑。"

二、进行客观报道

所谓客观报道，就是要求新闻写手只提供材料，而不表达自己的观点和意见，如果报道的事实会牵涉到几种不同的意见，我们也要不偏不倚地写出各方面的看法。

最后，再撰写这类文案时一定要注意写明消息来源。这里所谓的消息来源又被称为新闻来源，可以是一个人也可以是一件事、一个物品。而消息来源通常的写法为："据……提供消息""记者从……获悉""据知情人士透露"等。

一般情况下，需要注明消息来源的情况有：

1. 像那些需要阐明事件的原因、预示事件的发展趋势、解释事实之间内部联系的文案内容，一般都要注明消息来源。

2. 像内幕新闻，如果不写明消息来源，读者就不能相信，甚至会以为是写手瞎编乱造。

3. 像有争议的、容易引起怀疑的实施，为了增强文案的可信性，注明消息来源是非常必要的，这样也有利于读者对这些事实进行分析和判断。

4. 像那些一时得不到官方证实而又十分重要的新闻，几乎每句话都应该注明消息来源，以确保真实性。

另外，像新闻报道中所出现的"此间观察家""此间消息灵通人士""权威人士""有资格的人士"等，其实并不是文案手在引述这些人的话，而是在表达自己的意见和观点。只不过运用这种方式，更能保持新闻报道的客观性和议论的权威性。

005 一开始就给人紧张感

经典文案回放：化妆品文案开头

某款化妆品文案在一开始就这样写："你用过化妆品吗？你知道长期使用化妆品会导致皮肤提前衰老吗？没错，整天不卸妆就会给皮肤造成负担，从而加剧皮肤衰老！加剧皮肤衰老！！加剧皮肤衰老！！！"

案例解析：

这样的文案节奏感很强，一开始就给人一种紧迫感。这种情绪能够让读者在阅读的时候，在不知不觉间产生一种紧张感，从而更加迫切地想要知道："皮肤衰老该怎么解决？""怎么化妆、卸妆才能让皮肤不那么快衰老？"

再加上文案手重复地使用"加剧皮肤衰老"，以及对感叹号的加强使用，而产生了重复的力量。有人可能会疑惑：不过是简单的重复，能有什么力量？事实上，就是这样简单的重复，却能有效加剧读者的恐慌感，让读者记住我们想要表达的观点，从而对其更加重视。

在这种畏惧心理的驱使之下，能够让读者对通篇文章进行更加细致的阅读，希望从中获得问题的解决方案。

与文案手分享：

从上面的论述中，我们能够总结出：警示告知类的文案就是通过紧迫的节奏感和简单的语言，再加上重复的语言结构，能有效带动读者的情绪。下面我们来具体看一下：

一、紧迫的节奏感

想要让文案有节奏感，就要遵循这三种原则，即："要好记""要让它读起来有趣""要让人们想看下去"。

比如在一篇文章的开头，文案手就这样写道："高血压不吃药等于找死！很多高血压的人，都害怕整天吃药给自己的身体造成危害……"当目标用户读到这样的文案开头，就能在第一时间中产生恐惧感："天哪，原来我这么做是错的。"然后就能在心理上产生一种想要解决问题的想法，从而在第一时间阅读全文，找到问题的答案。

二、简单、精练的语言

丘吉尔说过："小词动人心。"某著名文案也说过："给我一样好东西，我会给你一大堆简单的词。"简洁的短句，能让文案产生环环相扣的效果，有效保持读者的兴趣。这不仅能让我们的文案好懂，也能使它更紧凑，更有动感和节奏。比如某款小型汽车的文案："车肥死得快"。

另外，像那些运用了各式各样押韵的文案，读起来都很有很强的节奏感。比如"糖果可爱，随身携带""想要皮肤好，早晚用大宝""钻石恒久远，一颗永流传"……所以说，押韵，能够有效让平淡的信息变得有趣生机起来，而我们就要学会充分利用语言文字的发音特点，让文案更具节奏感。

三、重复的语言结构

重复的语言结构能让读者更重视文案的内容。比如2013年科比复出的时候，NIKE就推出了一则具有重复结构的文案：

他不必再搏一枚总冠军戒指

他不必在打破30000分纪录后还拼上一切

他不必连续9场比赛都独揽40多分

他不必连全明星赛总得分也独占鳌头

也不必为一场胜利狂砍81分

他不必一次又一次地刷新"最年轻"纪录

他不必肩负整个洛杉矶的期望以致于跟腱不堪重负

倒地的那一刻

他不必站起

他不必再站上罚球线投进那一球

也不必投进第二球力挽狂澜

他甚至不必重回赛场

即使科比已不必再向世人证明什么

他也必定要卷土重来

文案中一开始就重复使用"他不必"，让整篇文案产生一定的节奏，让人不由自主地读下去。

同理，我们在撰写文案的时候，也可以在开头就告诉读者这么做是不对的，应该那样做。或者在开头就抛出一个或几个问题，给读者造成一定的紧张感，然后让读者在想要解决问题的心态下，进一步阅读整篇文章。

006　开头情景植入，更有代入感

经典文案回放：某售楼处文案

某售楼处在一次活动结束后，要求文案手就活动内容写一则文案，到时候会发布到官方网站上。文案手开头这样写道：

"活动当天，现场销售火爆，很多业主都和家人一起早早来到售楼处。我达到活动现场时，看到业主们早已站成一排等待，在大家期待的目光中，活动开始了……"

案例解析：

上面这则文案中的开头，运用了活动类文案最常用的直接描述手法，直观地告诉读者活动现场的火爆情况。再加上"一大早""业主们排成一排"这样的描述，除了表现出人多之外，还能有效在读者脑海中形成画面感，让对方有种"原来活动当天的场面是这样啊"的既视感。从而产生一种"早知道这么热闹，我也去看看"的遗憾，或者是"既然人这么多，那么下次我也要去"的心理。

这种文案写作方式，就是情景植入。当我们在撰写文案的时候能给读者安排一个情景，让对方有身临其境的感觉，就能让读者继续看下去，并产生共鸣。

但在运用这种描写方式时，一定要把场面描写得深入、全面。一般情况下，文案手描写的情景越深入，读者的体会也越深入。当读者真的能跟随我们的文案从头看到尾后，很容易就能产生共鸣感，从而产生进入现场后购买的欲望。如此一来，我们的目的也就达到了。

与文案手分享：

情景植入的方式可以通过对话的形式出现，也可以是直接的场面描写的方式。下面我们具体来看一下：

一、对话形式的情景植入

对话式的情景植入是一种非常活跃的方式，这种方式不仅能有效给人营造出一种紧迫感和全民大讨论的感觉，还能让读者在最短时间内融入文案中去。

在描写这类文案时，文案手首先要学会模仿，就是将日常生活中听到的人与人之间的对话记录下来，然后在撰写文案的时候要尽量贴近生活。比如我们在生活中和朋友见面，第一句话十有八九是"嘿"这样表示亲近感的招呼语，而不是"你好"这样有点生疏地问候。

比如我们现在要写一个红包活动的文案，开头就可以这样写：

"嘿，你知道吗？外面在发红包！"

"啊？是吗？还有这种好事？"

"当然啦，××元红包大派发，只要进入公众号×××就能领到。"

"真的？那我去试试。"

这就是用最直接的语言来描述我们想要讲述的事情，里面的话也都是我们在生活中就能脱口而出的。而读者在看到这样的文案后，脑海中也能真实地浮现出"发红包"这件事的情景，所以对进入公众号这件事也会表现得比较积极。

二、直接的场面描写

直接的场面描写，就是把用生动形象的语言，把人物、事件、景物存在和变化的具体形态，进行精细的描绘，让读者产生身临其境的感觉。比如一篇文章的开头是这样的："在一个宁静的晚上，人们正在床上做梦时，突然发出一声巨响，跟着便听到檐前滴水的声音，滴滴答答的节奏就像一首催眠曲，响个不停，越响越快，我好像被催眠一样，跟着便睡着了……"

从上面的例子可以看出，文案的一开始就直接进行的描写："一个宁静的夜晚"。读者很容易就能融入文案中，并产生疑问："这个夜晚发生了什么事？"从而吸引读者继续读下去。

总而言之，情景植入式的开头，其实就是在讲究一种代入感。所以我们一定要尽可能详细地描绘出那个情景，让人读过之后，真的能在脑海中浮现出我们所描绘的情景画面。

007　开启"就不告诉你"模式

经典文案回放：三得利金麦酒的文案

鲜明的夏天

透明的夏天

喧闹的夏天

静谧的夏天

踏上旅途的夏天

阳台上的夏天

恋爱的夏天

想要恋爱的夏天

今天是夏天

明天也是夏天

一直是夏天

金麦的夏天

案例解析：

上面这则三得利金麦酒的文案，我们在读的时候，一开始就是关于夏天的种种景象，让人们的脑海中闪现出许多关于夏天的画面。最后一句以"金麦的夏天"结尾，再和之前的画面结合起来，瞬间就给人一种"夏天喝啤酒"的画面感。而这，正是"就不告诉你"的文案模式。

要知道，"文案"之所以被称为"文案"，它的精妙之处就在于，不会大篇幅且明显地提到与产品有关的信息。就像石榴婆的一篇名叫"她的人生全是 Easy 模式"的文案一样，石榴婆从"方脸影后 Reese Witherspoon"7 岁拍广告开始讲起，告诉人们，事业上的 Reese 在 15 岁就获得了最佳艺人奖提名，之后进入斯坦福大学读英国文学，后来成为奥斯卡和金球奖的双料影后；生活中的 Reese 与高富帅经纪人一起，有三个子女，一家人看起来其乐融融；穿衣打扮上的 Reese 也颇有心得，看起来时尚干练。

在整篇文章前五分之四的篇幅中，石榴婆都在用一个又一个的铁证证明 Reese 是好莱坞的人生赢家。但是在文章的最后，石榴婆这样写道："最后，来看 Reese 开的车，凯迪拉克 ATS，2.0 涡轮增压直喷发动机，百公里加速 6.2 秒，后轮驱动，50：50 前后重量配比，Brembo 高性能刹车，每秒响应 1000 次的 MRC 主动电磁感应悬挂……斯坦福学霸＋奥斯卡影后在选车方面，也是自有主张。"

从中我们可以看出，"就不告诉你"模式文案在架构上，一般都会由一段铺垫陈设，而品牌信息的篇幅都很短，并且会往后放。

与文案手分享：

想要写出"就不告诉你"模式的文案，我们可以从自身的思维方式入手，换个角度看待问题，也许就能找到文案不一样的表达方式。下面我们就来具体看一下：

一、使用"救猫咪"思维

"救猫咪"一词来源于好莱坞编剧，其场景是指：为了让主人公更具有吸引观众的特质，编剧会给主人公安排一些帮助他人的场景，哪怕是很小的一个场景，比如救一只猫咪。通过这样的举动，让观众觉得主人公有血有肉，进而喜欢上他。

而出色的文案手同样能捕捉到受众者心底的需求，在文案中制造一个"救猫咪"的场景，从而成功打动受众者并让他们产生预期中的反应。比如在 1925 年时，广告大师约翰·卡普尔斯要为美国音乐学院写一条推销音乐函授课程的广告。文案中，他并没有提及课程的优越，而是写了一个只有 21 个字的小故事："我坐在钢琴前时他们都嘲笑我，但当我开始弹奏时……"

在这则文案中，"我坐在钢琴前时他们都嘲笑我"每个人都能从中感受到那种被别人看低的心情，但接下来一句却峰回路转，瞬间给人一种扬眉吐气的感觉。所以，这则文案一出，立刻就搅动了无数颗持有成功欲望的心灵。

甚至在几十年之后，这一模版仍然被文案创作者广泛采用，比如："我在淘宝订购衣柜时我丈夫笑我，但当我省下

50% 的钱后……""当我下载陌陌时他们都嘲笑我，但当我约到女神时……""我写文案时亲戚觉得我没有出路，但当我在北京二环全款买了房时……"

就像尤金施瓦茨所说的："广告文案的任务是启发、引导欲望。"而"救猫咪"思维的运用，就是巧妙地运用情感联系，抓住人们的情感和兴趣，尊重了受众的个性，从而让人们对文案的内容印象深刻。

二、使用"动机型"文案

"动机型"文案的特点是：给受众者一个具象化的说辞，从而让受众者选择或更倾向于我们的产品。而这种文案的重点就在于：将产品的价值融入这个具体的场景中，让受众者能够依据我们的文案的描述，在脑海瞬间感受到这个场景下应用这种产品的好处。

比如一家专注于洗车服务的洗车店，对用户来说，他已经习惯了把车开到洗车店去洗车。所以我们所面对的关键问题是：如何让用户选择到我们的店来洗车？某个上门洗车的文案是这样写的：

实则，你可能不知道的是

一次洗车店洗车的时间

完全可以看一集《欢乐颂》

应用××上门洗车，更多的悠然时光

这就是一则动机型文案，里面的场景很具象，能够让用户轻易在脑海中浮现出这个文案中描述的画面，然后异常直接地感受到洗车店能给他提供的价值。而这种文案方式与那种纯粹地说"应用××上门洗车，便宜、省时省力"，则更有说服力一些。

总而言之，文案的价值在于转交信息，即产品的价值信息。一个好的文案开头，能够让目标受众者对产品的认知从无到有，或保全统一，或认得晋级。从而为产品后续的市场推广、销售等制造良好的气氛。

第 4 章 | 滚蛋吧!
那些干巴巴的内容

UNCREATIVE
COPYWRITER CANNOT BE
CALLED REAL

001 说人话，说人话，还是说人话

经典文案回放：四个小伙伴，三个用滴滴

当"滴滴打车"的用户额高达74.1%，超过第二名1.48倍时，聪明的滴滴并没有设计出"滴滴用户份额高达74.1%"这样的文字，而是换了一种更为具象的表达方式，即"四个小伙伴，三个用滴滴"。

它用四格漫画手法，选用一些经典的人物形象，如金庸小说中的南帝北丐东邪西毒、西游记师徒四人等，做了一系列广告，让人在诙谐有趣的阅读过程中，加深对滴滴的记忆。具体如下图所示：

案例解析：

根据意大利经济学家帕累托提出的"二八定律"，过去很多企业的市场经营都选择把精力放在80%客户购买的20%的主流商品上，着力维护购买其80%商品的20%的主流客户。但在互联网时代，企业却开始奉行"捡芝麻"的方式，去争取更广大的用户群体。

几种核心用户群体发生的改变，那么文案的写作手法和风格也必须有所调整。不能一味"端着"，而是要直接说出重点和痛点，语言风格也要为大众所喜闻乐见。简单来说，就是要"接地气""说人话"。

比如"滴滴的用户份额高达71.4%"和"四个小伙伴，三个用滴滴"之间的区别。再看看各大互联网公司的产品广告文案："淘！我喜欢""QQ邮箱，常联系""百度一下，你就知道"……

再比如，之前朋友圈有一篇比较火的文章，是一位名叫"李叫兽"写的"为什么你会写自嗨型文案"。该内容主要说写文案的人经常站在"我"的角度去写一段冷冰冰的"官话"，比如耳机质量好是"生生震撼，激发梦想"；笔记本噪音低是"创想极致，静心由我"；工作辛苦不如旅行则是"乐享生活，畅意人生"……如果我们把产品的特点去掉直接看文案，你知道它在说什么吗？而这就是所谓的"自嗨文案"。

因此，一个优秀的文案手需要站在用户的角度去写一段"人话"，而不是只知道表现文字的华美，把本来朴实无华的表达写得更加有修辞、对称。比如同样是表达耳机音质好，如果用"犹如置身音乐会的现场"来表达，将会使之更加充满画面感，语言简单，却能直指人心。

与文案手分享：

文案的目的是为了营销，重点在于让人记住，以实现产品的传播效应，完成说服消费者的任务。所以，文案手使用的语言要"去抽象化"，简单来说，就是"说人话"。那么，我们要如何才能写出"人话"式的文案呢？

一、到农村去，千万别"装"

我们先来看看各个"高大上"的互联网公司在农村刷的墙报："要销路，找百度""村淘好品质，路遥知马力""发家致富靠劳动，勤俭持家靠京东"……先不说这些文案能够切中农村用户的痛点，但至少它们的语言足够"接地气"，通俗易懂，一目了然。

可能有人会觉得，过于简单直白的话难道不会显得很俗吗？这里我们要明白一点，刷墙报是互联网大佬们为了抢占农村市场而做出的有针对性的举措，要是把自己装得太过"高大上"，写出"创想文字，助力登封"这样的文案，谁知道你是什么意思？

就连大卫·奥格威也曾特意说过："当投稿人想要用一些深奥的词汇和我讨论时，我会对他们说，坐上公交车去艾奥瓦州，到一个农场住一个星期，和农民聊天，然后坐车回纽约，和车厢的乘客交谈，如果你还想用这些词语的话，我也不拦你了。"

所以，当作为文案手的我们在面对广大普通用户，依然忍不住想写华丽的文案时，不妨也到农村去和农民交谈一番，再去看看那些墙报。比如"吃穿住行上淘宝，价格公道牌子好""卖给城里人加价，卖给乡亲们打折""捷豹你都有，全村跟你走"……

二、避免用术语

大多数用户并不会使用专业语言，所以，术语的存在不仅会让读者看不懂，还会模糊需要传递的信息。因此，使用术语要遵循两个原则：

1. 除非95%以上的读者都能明白，否则不要使用。如果非用不可，就需要在文案中解释术语意思。

2. 除非术语能精准传达我们要的意思，否则不要使用。比如"花同样的钱，买来更时尚的潮品"。什么样的产品时"更时尚"的？什么样的产品才能被称为"潮品"？用户无法分辨，那不妨直接写成："为什么有的人每个月花5万块钱买衣服，仍然看起来很土？"

像这种通过指出生活中的矛盾现象，找到原有文案的对立面，然后利用这种反差来引发别人的好奇，可以让文案内容更加引人入胜。

另外，在跟人聊天的时候，每个人更关注的人都是自己，文案手就利用这一点，站在用户的角度上完成自己的文案。比如："看看你现在的包包，问自己三个问题：它真的适合你吗？它真的适合你吗？它真的适合你吗？觉得不够时尚，找不到最合适的那一款？"

002 一个好文案就是一篇优秀的小小说

经典文案回放：食指手术的故事

令人期待的时刻终于来到了。

静静的病房里，护士正小心翼翼地为中年男子一层一层地揭开缠在食指上厚厚的纱布。病人惴惴不安，身边的妻子紧握着他的另一只手，主治医生则站在病人的对面，神情也并不轻松。

终于，通过手术被加长了的食指活生生地"耸立"在了众人的眼前。手术成功啦！夫妻俩欣喜万分。

回到家里，他们迫不及待地打开冰箱，从里面取出了番茄酱瓶子。丈夫把刚刚动过手术的长长的手指伸进瓶子，顺利地将瓶底仅存的一层番茄酱"捞"了出来，兴奋而又自豪地凝望着妻子，而妻子则眼巴巴地盯着丈夫食指尖上的番茄酱……

——番茄酱广告

案例解析：

这是一个和小小说有着异曲同工之妙的文案，情节一波三折，结局出人意料。让人在紧张中期待，最后在恍然大悟中忍俊不禁，此文案当属不可多得的上乘之作。

我们知道，一篇小说的情节要求远远高于对语言的要求，尤其是只有几百字的微型小说，要在这么短的篇幅内，设计出故事情节，还要动人心魄，概括来说，就是要做到"简洁、凝练、形象、引人"。要创作这样一篇小小说型的文案确实不是一件容易的事，但，难并不意味着做不到。

与文案手分享：

一个高级的文案手通常需要具备很高的文学修养。我们下面就来看看，如何构思一篇短小精悍，情节布局巧妙的故事文案。

一、有的放矢，宣传的内容就是结局

宣传的产品是"小小说"文案的核心。正如上面番茄酱的文案，要围绕番茄酱功效、作用、营养价值、食用方法等来展开，故事多种多样，但聚焦的目标始终不变。

一般来说，文案要宣传的内容无外乎 3 个方面，即品牌、产品、活动。

从品牌角度来说宣传的内容，一般是可以从知名度、美誉度、满意度和忠诚度 4 个方面来提升。

从产品角度来看宣传的内容，多集中在对产品的新功能、新技术，新使用方法的宣传。

宣传的内容若是活动，目标则无非是实现流量 KPI（关键绩效指标）或者转化 KPI。

无论要设计的情节如何，内容的这些方面就是结局，是落脚点，我们需要做的是从要宣传的内容倒推故事情节。

二、制造意外结局的方式

结局有了，但如果平铺直叙，就没意思了，我们要的是出人意料。就像案例中讲的，日常生活中我们的指头够不到番茄酱的瓶底，按照惯性思维，我们会借助工具——勺子、筷子，但不会有人会想到把手指头做手术加长，这就是意外。

意外的结局一般可以分为 3 种：

1. "幽默型反转"

短篇视频《我的僵尸梦》就是幽默反转结局的典型。故事的主人公 Jordan 每天都在为铲除僵尸做准备，他非常刻苦地磨砺自己杀僵尸的技能。终于有一天，当他从睡梦中醒来，窗外尽是游离的僵尸！

这不就是他梦寐以求的吗？

他压抑着内心的兴奋，像英雄一样在僵尸群众冲锋陷阵，大开杀戒，利落地把他们一个个干掉。

当他为自己自豪的时候，画面一转，镜头一一扫过一群呆若木鸡的剧组人员，荒诞的剧情瞬间变为弄巧成拙的幽默。

这种反转其实就是一种逆向思考，先不完全否定或完全否定原来的句子，再转到要表达的观点上来。《我的僵尸梦》就是先让主人公不可能的梦想成真，然后反转到他把拍剧本用的僵尸当成真的僵尸了，幽默效果尽显。

2. 递升反转

这种反转的力度大，反差效果强烈。作家许行的《钱包》就是典型的这种结构。

他从饭店打完工回家，路上被一个小个子亚洲人撞了一下，他警觉地一摸裤兜，发现钱包没了。

然后，他立即大叫："Wallet, Wallet!"（钱包，钱包），撞他的那个人加速跑开了。他紧追不舍，对方跑得更快了。在他的猛追下，那个追他的人把钱包扔掉跑了。

他欣慰地拿着钱包回到住处，打开却发现那不是自己的。

他看看自己的裤子才猛然想起，早晨起来时换了一条裤子，自己的钱包还在原来裤子的兜里。

这个构思巧妙的小小说，以一个钱包为道具，向上做了一系列的延伸发展，追、跑……当钱包终于拿到，剧情急转直下，钱包竟然是对方的，作品的意外结局便是这样形成的。

好看耐读的优秀小小说常常让结尾跳出读者的阅读思维，完全在意料之外，但又在情理之中。小小说的机智构思，非常值得文案手借鉴。

三、确定故事的场景

场景就是故事发生的时间和地点，是过去、现在、未来？还是家里、公司、商超？

根据场景的不同，我们也可以把故事分为不同的类型。

1. 体验型

以产品为例，产品的目的就是给客户使用，把客户体验的场景模拟下来，进行情节的创作。比如我们要宣传的是口香糖，那么什么样的人会购买？购买的原因是什么？由此可以想到，见客户的时候怕有口气会买口香糖，和女朋友约会的时候为保持口气清新要买口香糖……然后，就可以根据场景编写体验型的故事。

2. 幻想型

这个不是现实生活中的场景，而是很久以前或者很久以后发生的事情，是幻想出来的。比如，幻想拿着今天的手机穿越到宋朝，是一个什么样的情景。

3. 情怀型

情怀是个好东西，它将一切从世俗拔到了理想、真情的高度，总是能够击中人们内心最为柔软的地方，进而引起情感上的认可与共鸣。可以通过描写真爱、孝心、梦想、牵挂等来编织情节。

四、优化情节，完善画面

结局和场景确定后，也就意味着整个"小小说"已经有了隐隐的轮廓。可以由此设计多个情节，不断地修改、优化，最后得出最优方案。

我们都喜欢看小说，常常看得不忍释卷，精彩处拍案叫绝。如果我们能用构思小说的方法去构思文案，效果一定不会差。

003 把对产品的生活感悟融入文案中

经典文案回放：阿原肥皂品牌文案

身有七经八脉，心有七情六欲

看得见的都可以被疗愈

看不见的都需要被回应

文明带来巨大的进步，也带入自然的疏离

我们忘记了触摸才是最好的安慰

大地具有最深的疗愈，她的力量超越人们所能创造的奇迹

所有发明离不开自然法则的

生、老、病、死

洗是敬，敷是礼，无方而有道，有始而无终

从药草开始，阿原走一条无心而有为的健康之路

案例解析：

在台湾广告业工作了 17 年的阿原在 2005 年创立了"阿原肥皂"，之后经过 10 年的发展，他将这个品牌发展起来。在给自己的品牌写推广文案时，阿原总是喜欢把对产品的生活感悟写入文案中，让这些文案看起就像一首优美的散文诗一样。

比如在 2015 年"以草治夏"的产品上，他是这样写文案的："来自青草药的肌肤疗愈，让所有的美好，都不会是巧合。"

再比如他写道："我们可能被任何形式抚慰：听音乐、泡澡、独处……只要被安心的氛围围绕，就能疗伤，比如有一棵大树，倾听我所有的脆弱与忧伤。我们当然无法随时拥有一棵大树，但可以有随身良方，疗愈净化的茶树气息环绕在坚毅勇敢的相思木上，在这氛围中拥抱芬芳，身体会告诉我们真正的需求。"

怀着对孕育生命的土地与自然始终如一的真诚感恩，阿原肥皂的文案，总能让用户在为互联网众多浮华亮眼的画面上获得舒心。在那些画面和文字中，无论是一草一木，还是一笔一画，都能让用户感悟到中国传统底蕴为我们留下的深刻指引。

因此，当我们以单纯的心态看待阿原肥皂的品牌文案时，会发现它与产品、销售都没什么关系，旨在于一个品牌是否能打动人心，进而与用户产生文化共鸣。

与文案手分享：

我们都知道，文案与设计师用画面或其他手段的表现手法不同，它是一个与广告创意先后相继的表现的过程、发展的过程、深化的过程，多存在于广告公司、企业宣传、新闻策划等方面。

因此，我们可以把文案当作是一种通过文字的方式，以传达出产品、服务的灵魂和思想的一种载体。所以，好的文案能说出产品的本质，能触动用户内心的声音，而不是单纯的"自嗨"。

就拿 iPhone 4 的文案"This changes everything again"来说，单看"change everything"已经有种不言而喻的霸气，心里会隐隐地有些小冲动，想去了解一下它是如何做到"颠覆一切"的。后面再加一个"again"，更是对苹果品牌价值观的标榜，把改变和极致的观念深入用户的内心。

下面我们就来具体了解一下，到底该如何做，才能把对产品的生活感悟有效融入到文案中。

一、先"把玩"产品

"把玩"产品时文案撰写前期的一个重要环节，它能够抽空我们之前对产品或服务的所有感官，并带着第一次体验的心态去重新认识产品。

比如我们要为一款手机撰写文案，那么我们就需要从最初的触感开始体验，比如"它是金属质感的？""是轻质的还是重质的？""是圆角的还是方角的？""是大屏高清的？""默认什么方式开机？""界面是什么样子？""功能切换流不流畅？"

"系统用得顺不顺手?""音质效果好不好?""镜头像素如何?"……这些都是文案手在"把玩"过程中会产生的感受。

二、记录好体验感

对产品进行"把玩"之后,就要对"把玩"过程的体验进行记录。这个时候,并不需要我们急着定下某种思路,一般只要是我们能想到、感受到的,哪怕只是我们在接触产品时脑海里出现的某个视觉片段等,都可以记录下来。

比如我们在挤地铁或公交车的时候,在拥挤的车厢里面,所有人疲惫也好、骂骂咧咧也好,都或站或坐,这时如果有一个人突然大幅度手舞足蹈、神采飞扬地跳动,是不是很有画面冲击力?这就是一种视觉片段的感觉。

然后我们再根据这个点进行联想,比如"身临其境打造极致音响效果,让你瞬间忘记身处何处"的耳机。

三、用独特的切入方式提炼产品卖点

用户之所以会为我们的产品买单,不是因为我们的产品有什么样的情怀,而是产品能带给对方什么价值和方便,能为他带来好处。所以,不管我们如何渲染产品本身的特性,都要时刻谨记:向用户直截了当地指出产品的利益、价值点。

比如小米 2 的"快"特点。而它在发布之后,为了凸现产品"快"的独特卖点,选择的文案是"小米手机就是快",既直白又精准。再加上"快"本身就是一种比较,和谁相比"快"?自然是用户用了就知道。

另外,如果需要撰写文案的是一款全新的产品,用户对它没有任何概念,那么就要避免直接、强硬地告诉用户"我是谁",而是要去找已经被用户熟知的东西或者体验,从而建立起双方的联系，以凸现产品的独特价值。只有这样，产品才能更好地被用户所接受。

四、知道文案内容要对谁说？在哪里说？怎么说？

同样的产品或服务，在面对不同的人群和投放渠道时，要说的话是不一样的。比如同样是过节，但我们在中秋节就应该想到"团圆"，而不是去谈情人节的"浪漫"。

老罗英语的文案就是一个典型的例子，它在面对零基础的英语用户时，文案是这样写的："听了三千张摇滚唱片，除了'FUCK'什么也没听懂，到这里来试试吧，老罗英语培训。"而在面对出国留学的用户时，文案又写道："渴求诚信的人有福了，因为他们必得饱足。"

这是因为在老罗英语推出的"留学咨询服务"中，与培训相比，它更强调"诚信"这个卖点。

总而言之，我们撰写文案的目的，就是为了传达产品、服务的灵魂和思想。所以要时刻谨记：好的文案就是能说出产品的本质，能触动用户内心的声音。

004　会讲故事的文案，才有杀伤力

经典文案回放：每个问题背后，是想做更好的心

2016 年 6 月，百度推出了一支全新的品牌升级广告片："每个问题背后，是想做更好的心。"在一分半钟的广告里，出现了 5 个平凡的小人物日常使用百度搜索时提出的种种疑问。

有双职妈妈，她问了 1880 个问题，广告语是"每个妈妈都希望能成为一个万能超人，把尚未长大的他护在自己的小小羽翼之下"；

有情侣，他们一共问了 1138 个问题，广告语是"因为爱，习惯的和不习惯的，都成为彼此眼中独一无二的存在"；

还有市场上卖猪肉的师傅，他问了 372 个问题，广告语是"如果孩子每天都幸福，付出就是我最大的满足"；

有退休的老人，他问了 219 个问题，广告语是"不做孤独空巢，学习如何新潮，不服老是面对岁月最好的态度"；

有运动员，他问了 335 个问题，广告语是"未知带来恐惧，也会带来机遇，人只活一次，我想为自己的梦想而活"。

——百度广告形象片

案例解析：

文案的本质是让用户与产品进行"沟通"，而讲故事就是一种非常好的表现形式。这一次，百度没有强调自己的搜索功能有多强大，而是把人作为广告的视觉中心，用观察的形式记录下那些平凡且普通的真人真事。从他们身上，用户同样能找到自己的影子，或是身边人的影子。

面对百度的普通用户，它展现出与人们息息相关的柴米油盐酱醋茶的生活。像这种用真实的、非标签化的以及非商业化的视觉角度去讲述一个品牌故事，确实比任何公关文章都来得强。

而讲故事的文案肯定要"走心"，但只"走心"，并不代表就能讲好故事。因为"走心"的目的是让用户能在一瞬间被刺激到，并没有给对方的情绪传递留下足够时间。而讲故事的文案则不同，它给读者带来的情绪感受是包裹式的，能够传递出场景的创建以及足够丰富的信息，不仅全面增加了文案的说服力，也更容易让用户认可和接受。

与文案手分享：

一般"讲故事"的文案都是围绕产品功能或用户需求进行，所以，产品的宣传内容是所讲故事文案的核心。而宣传内容无外乎就是品牌、产品、活动三个方面。

如果是从品牌角度来"讲故事"，就需要达成知名度、美誉度、满意度和忠诚度四方面的提升；如果是从产品角度来"讲故事"，基本上就是对"新"的曝光，比如新产品、新功能、新技术、新创意等。下面我们就来具体看一下，怎么才能写好一篇"讲故事"的文案？

一、通过目标确定故事的类型和风格

由于各个产品的目标不同，故而所讲故事的类型和风格也会有所不同，具体如下：

1. 情怀型故事

"情怀"的存在，能将一切从世俗拔到理想、真情的高度，然后击中用户内心深处的柔软，进而引起用户情感上的认可与共鸣。比如褚时健赋予橙子的励志属性；罗永浩赋予锤子手机理想主义般的专注等，都属于情怀型的故事。

2. 体验型故事

所谓体验型故事，就是对目标用户的使用场景的描述。这种类型的故事大多用于宣传新产品、新功能等方面。

比如支付宝的快递上门取件功能，文案手就是针对"什么样的人会使用这样的功能"为出发点，想象到几种使用场景，比如较为偏远的地方；年纪大、走路辛苦的老人；东西较多难以搬运的情况；周末在家不想出门使用上门取件可以方便偷懒等。

3. 痛点型故事

一般情况下，从痛点出发的故事不仅能提高品牌的美誉度和满意度，还能突显出产品的功能和竞争力。

比如支付宝口碑就曾从行业的痛点、商家的痛点和消费者的痛点角度出发，撰写了一组痛点型的故事文案。把行业低价竞争导致市场混乱、商家遭受平台剥削利益维艰、消费者产品体验不佳等方面描述出来，讲了一个痛点型故事，并给用户提供了一个能够应对痛点的解决方案。

二、优化故事画面、提炼产品主题

确定好宣传的内容和故事类型后，我们就可以以此为基础构筑一个故事。这个故事不一定非要简短，但一定要有方向。可以像支付宝、美的、百度等品牌一样，提炼出来一个主题，再根据不同的宣传平台优化故事，比如户外媒体需要聚焦，那么文案就应以简短为宜；新媒体平台需要引人入胜，那么文案内容最好要饱满等。

另外，虽然一个好的故事会自带画面属性，但如果有一幅与文案关联紧密的贴切的画面，那么故事的真实性、说服力、影响力等方面将都能得到有效提升。

三、让故事深入人心

想要让一个故事能给人留下印象，甚至深入人心，我们需要从以下几个方面入手：

1. 视觉化

视觉形象往往比文字、声音等更直接、迅速地传达信息，但视觉化并不是简单地用影像传达信息，还要强调"视觉效果"。比如在这个看脸的时代，就要求我们的视觉画面一定要精致，镜头一定要讲究，避免"五毛特效"。

2. 人格化

所谓人格化，就是让一个物品有台词、有表情，让一件"死物"在建立品牌的过程中"活"起来。比如猫粮品牌，文案手就可以从猫的视角讲一个吃货的故事。

3. 系列化

系列化故事可以延续并一次又一次地强化品牌的影响力，比如香奈尔历时两年的回顾品牌历史活动"Inside Chanel"，就有 12 个章节，12 段精彩。

4. 传奇化

平庸的故事并不能在用户信用掀起任何波澜，所以我们的故事就需要一定的"传奇性"，让它有悬念、有曲折、有逆转等，让用户看到新奇的记忆点。

比如爱马仕丝巾上的斑马，就来自希腊神话中的珀伽索斯神马（宙斯的坐骑，足踏之处会涌出泉水），文案手把原本一身雪白的神马换上斑马的外衣，并给它的翅膀涂上像鹦鹉羽毛般绚烂的彩色，进而成就了一匹独一无二、具有异域情调的飞马。

005 与其让人阅读，不如让人想象

经典文案回放：乐高的一组平面广告

乐高50周年的平面广告语为"imagine a children's story"，用想象式的设计做了一系列平面广告，部分广告如下图所示：

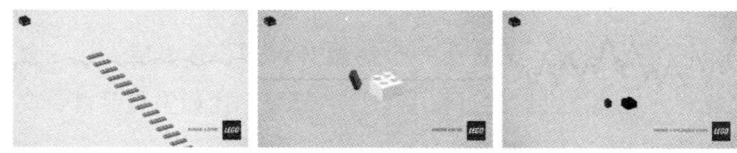

案例解析：

像乐高这样的文案就太"偷懒"了，视觉上更是省事，只能够通过想象着那可能是梯子、游轮或是森林里的小动物。但是，它的创意却一目了然，简单的"imagine a children's story"更是点睛之笔。试想一想，爱玩、爱想象，不正是乐高想让小朋友们做到的吗？

文案手应该都知道，产品文案的第一要素就是要引发用户共鸣，而不是展现产品所谓的"卖点"。第二就是要有"冲突"，满足他们"精神世界"的美好想象。所以，产品的本质就是满足用户对生活的想象。

而对于用户来说，没有想象力的产品文案，就像缺少了调味的菜品一样，即便"不难吃"，也无法引起用户"尝一尝"

的兴趣。而想象力，正是连接产品和购买之间的关系。

就拿 Nubia X6 的文案来说，像"夜拍能力强"这样的文字是没有想象力的，要想用这样的文案来说服用户购买产品，肯定就增加许多难度，这就需要文案手赋予它更直观的想象空间。因此，就出现了"可以拍星星"这样的文案，让用户在想象中达成"想拍璀璨星空但拍不成"的生活理想，从而构建起产品与用户认知的桥梁。

与文案手分享：

这就像是心理学上的"鲜活性效应"，就是指人们更容易接受事件的鲜活性。简单来说，就是这件事物是否有视觉感，而不是这个事件本身的意义。由此可见，产品在传播过程中视觉感的重要性。

换个角度来讲，小孩在看画册或文字时，总是喜欢一字一句地朗读出来。而他们之所以需要"发出声"，就是因为人类在学习文字阶段需要借助"声音"这个媒介，让"文字"与其"实际指代的含义"在大脑形成认知。只是我们成年人会经常忽略大脑中将文字翻译成声音，再到视觉的微妙过程。

比如我们来看"苹果"这个词。我们会发现，自己的头脑中并不会出现"ping guo"这个读音，而是会浮现"苹果"的视觉图像。而这就是人脑的认知模式之一——可视化。更何况，在人类漫长的时光里，都是通过肢体语言、表情、声音来实现彼此间的沟通。

就像人们更容易接受"竹篮打水一场空""强扭的瓜不甜"这类具有可视化的文字。如果换成"大家千万不要做那些投入很多努力最终却什么也得不到的蠢事啊""我们不能逼迫别人去做他不甘愿做的事情，这样容易得不偿失"这类语言，哪里还能千古流传？

所以，当我们需要撰写更容易吸引用户注意，能让用户将内容轻松读入"大脑"中的文案时，就要忌用普通的"形容词"以及"抽象化"的语言。毕竟再好的文案、再好的剧情，如果没有可视化语言，无法让人产生想象，也是白搭。

006　一本正经地讲一个不正经的故事

经典文案回放：某别墅文案广告

某别墅地产商的广告语是这样的："我和我的邻居，没有共同语言。"如下图所示：

案例解析：

该别墅地产商的广告语"我和我的邻居，没有共同语言"一出，瞬间让人一愣，这是谁家的房子啊，别人的房地产商都上赶着说"和邻居有共同语言""相同很多"之类的，怎么它偏说没有共同语言呢？

看完广告后才知道，原来是真的，因为别墅的邻居是一群野生鸟。谁会和鸟有共同语言？顿时就让用户豁然开朗了。

像这种一本正经地讲个不正经的故事的文案，有三个主要特征，即第一眼让客户想把它毙掉；标题很"出位"，但副标题或内文会把它强有力地拉回来；看似自嘲，效果反而比自夸更强。

与文案手分享：

很多产品文案在撰写的过程中，都会尽量夸赞它的优点等。比如汽车的广告，文案手大多都会想办法夸一辆车的空间足够大、装人奇迹、能放下一头小象……但这种文案跟多年前的一篇老广告比起来，确实显得很浮夸。

但是 VW 的广告却反其道而行，它的广告语是"他们说办不到，真的办不到。"然后在内文中说："我们试过了！老天爷都知道我们真的试过了。但是，没有任何变通或做假的方法能把费城 76 人队的张伯伦塞入 VW 的前座。因此，如果您和张伯伦一样是七尺高，我们的车子不适合您。"

文案中还表示："但是，您可能只有六尺七寸高。那么，您将娇小地足以欣赏我们在 VW 上有多么巨大的成就。颈部的容脚空间比任何房车的都要大。因为引擎架在后轮上，所以不会挡您的脚。您可以在车前放两个中型提箱，（因为引擎不在这里），同时在后座放三个身材匀称的小孩。您还可以把一个大点婴儿放在后座的后面睡觉。事实上，VW 上面只有一个地方容不下太多的东西：油箱。但是，您的 VW 每加仑大约可以跑上二十九里。”

像这样的文案有不少，运用的也是这种方法，看似在说自己“无能”“太笨”“没办法”等，实则却把自己快吹上天了。

但在撰写这类文案时，我们需要注意几点：

1. 除非文案手对自己非常有信心，否则是要慎用；

2. 整个文案的结构一定要合理，否则真的有可能被产品方的人揍一顿；

3. 人们天生对负面用语有排斥性，所以文案手最好再准备一份其他方案。

另外，无论是电视里的广告，还是路上的推销员，为了在他们各种的行业里生存下去，他们往往都要习得一项技能——一本正经地讲个不正经的故事！简单来说，就是指在撰写文案的过程中，明明是不合理，甚至是荒谬、违背常识的，文案手却能一本正经、大气凛然地讲出来，从而引起用户的关注。

比如支付宝曾推出了一篇长文案《梵·高为什么自杀》。文章的开头表示梵·高会自杀是因为他患有精神病，但这并不是主要原因，然后用很大一段文字叙述这个原因。又在最后写到，他可能穷到连张床都买不起，更请不起模特，所以只能画自己。但研究过梵·高的经济状况后发现，他的弟弟提奥每个月都会给他打 200～250 法郎的生活费。根据当时的消费情况，每天的住宿费大概是一法郎，如果加上购买画具器材之类的，每个月大概不会超过 100 法郎，但他依然很穷，并且不知道自己的钱都花在哪儿了。

然后指出，"可惜当时没有支付宝，不然滑几下手指就能轻松理财了……如果真有支付宝，也许梵·高会多活几年，也许他就会看见生命的曙光，也许梵·高就不会自杀……"

此文一出，立刻被众网友惊呼"脑洞大开""神一样的文案"。总结起来，我们可以把这篇"神文案"的结构归纳为一个公式：95% 的故事噱头 +5% 的品牌植入。

虽然最后品牌的植入显得有些突兀，但这篇文案确实达到了令人瞠目结舌、哑口无言的效果。整篇都是充满恶搞却毫无漏洞的逻辑链，吸引用户不停地往下读，然后分享给身边的朋友。

007　用故事，讲一个意料之外的广告文案

经典文案回放：宾利车的广告

宾利车曾有这样一个视频广告：一个修车的小伙利用职务之便，每天都开着一辆豪车伪装成有钱人去接送他心爱的姑娘。这样的日子持续了很长时间，直到有一天，修车的小伙需要把这辆豪车的钥匙退还给该主人时才发现，原来他每天偷开车子的主人，正是他每天接送的姑娘……

这真的是一个天大的玩笑，就在这样一个意外的相遇中，

小伙与他心爱的姑娘无比尴尬地大笑起来，然后彼此相拥。而这个意料之外的广告，正是宾利车最著名的广告之一。

案例解析：

一个有剧情的广告就好像一篇凝缩的小说，文案手可以把广告的内容编排得像小说一样，到最后大结局揭开真相的瞬间，让人惊呼意料之外，却又感叹在情理之中。而这正是意料之外的广告文案能够带给人们的魅力所在。

这种通过有目的性的一个引导以及刻意的遮掩，让人们对广告内容隐藏的部分，产生相关联想，然后在结局上给予人们眼球上的"致命一戳"，令人大呼没猜中结尾！这种用法很容易让人联想到周星驰电影中对如花的用法，虽然一个是电影，一个是广告，但其属性却殊途同归，都是在讲故事。

所以说，一个带有冲击性、包蕴深邃内容、能够感动人心、新奇而又简单的文案内容创意，是需要我们去勇敢地打破消费者视觉上与心理上的"常态"，如此才能成功地用一个故事来讲一个意外的广告。

与文案手分享：

现在广告采用的方法越来越多，导致其产生的结果难免参差不齐，而使用"意料之外的广告"，却能在很多时候成功地引人入胜。下面我们就来具体看一下，"意料之外的广告"是如果做到这一点的。

一、使用联想与眼球的意料之外

比如士力架广告的林黛玉版本，就是一则令人耳目一新的广告。广告里的守门员总是一副弱不禁风的样子，如假包换的林黛玉一般，惹得队友直发飙，而"林黛玉"在吃了一支士力架后，却秒变猛男。广告的结尾附加的是士力架的广告标语："横扫饥饿，做回自己，士力架真来劲！"整个广告内容幽默搞笑，具有很大的传播力度，并成功地把士力架塑造成为摆脱饥饿、补充能量的最佳产品。

像这种"障眼法"式的悬疑类广告，中间一般都不需要太多剧情的铺垫，只要制造一定的氛围，让受众产生联想，然后在最后一刻揭露大相径庭的真相即可。这种通过将表象作为伏笔的广告故事，它们的结局往往能达到引人发笑的目的。

二、使用逻辑与情感的意料之外

这种方式我们可以参考 More than medication 公司的企划片，短片讲述了一个彻夜偷偷在别人墙上玩涂鸦的不良少年，回到家后，他的母亲对他非常失望。但当他拉开窗帘的一瞬间，人们才知道，原来他熬了整夜画出来的一墙涂鸦，是为了让卧床不起的重病妹妹看到生命的希望。

在短片的细节把控中，文案手巧妙地融入了一个逻辑悬疑，就是当男孩回家后，母亲看了看时间做出无可奈何，却又恨铁不成钢的表情，让无数观众都觉得这个男孩太不懂事了。这与后来在发现墙外的涂鸦后，母亲轻声的一句"Thank you"与欣慰的泪水形成了鲜明的对比，让人们的情感马上回归到男孩的立场，开始对他刮目相看。

而这篇广告之所以能成功，主要就是利用了人们的惯用逻辑，让人们理所当然地认为某件事、某个人的发展规律是怎样的，并在这个逻辑建立的过程中，让人们不断深信自己的判断。然后在最后的结局中，通过更具冲击性和颠覆性的答案，使人完全出乎意料。

这种方式更加考究文案手在情感上的陷井设计和剧情上的悬疑铺垫，并要求文案手对整个故事的构思与人性的洞察。只有这样，才能轻松地扭转目标用户的观点，达到让用户感动流泪，甚至笑中带泪的状态，并让广告最终落回到产品本身。

008　举例子使观点更丰满

经典文案回放：某养生文案节选

2003 年，宫颈癌带走了著名歌手梅艳芳；

2004 年，直肠癌带走了中国富豪王均瑶；

2005 年，肝癌带走了著名演员傅彪；

2006 年，急性脑血栓带走了上海中发电气集团董事长南民；

2007 年，乳腺癌带走了"林妹妹"陈晓旭；

2008 年，突发性心脏病带走了北京同仁堂董事长张生瑜。

……

这些人走的时候都说："我还不想走，我爱我的亲人，我爱我的事业，请你再多给我一点时间！"但是，已经晚了！

无论是谁，要想陪亲人的时间长一些，事业做得更久一些，先把你的身体照看好！人失去了健康，就失去了所有。有位名人说得好："幸福的首要条件在于健康。"人失去了健康，就相当于失去了 100 当中的"1"，就算后边缀上再多的"0"，都是白搭……

案例解析：

在这篇文章中，文案手列举了许多因病去世的名人，以此来告诉读者健康的重要性。试想一下，如果我们在撰写文案的时候，通篇都在讲"你应该怎么做""你要怎么才好"，却从不引经据典，也从不去找同类的案例进行说明，那么相信这篇文章的说服力将远不如有例子的说服力强。

如果我们仔细观察就能发现，有很多产品在宣传的时候，都会把产品的使用案例放在官网上。尤其是化妆品或是减肥类的产品，我们经常能在相关网站上看到使用前和使用后的对比案例，这样不仅能有效帮助读者更加直观地了解该款产品，更能促使读者在第一时间产生购买欲望，从而选择购买产品。

所以，文案手需要具有从众多案例中找到属于产品典型案例的能力。这就需要我们对产品有足够多地了解，否则将无法找到真正符合我们观点的例子。

另外，为了让文案能给人一种公平和客观的感觉，我们在创作文案的时候，最好能站在中立和观察者的角度进行撰写。如此一来，我们的文案就是建议而不是强制，有利于在读者心中建立起好感，在讲述事件和观点的时候也容易被对方所接受。

比如某个保护视力的文案中有这样一段话："据调查显示，有99%的近视都是用眼习惯造成的。杭州的李同学，在高中时期由于学业压力大，经常睡觉时仍拿着一本书在被窝里看，高考结束了，他考入了理想的大学，可近视也随之找上门来。上海的王同学，大学之前视力非常好，可自从上了大学之后，就迷上了手机上网，经常三更半夜还在被窝里玩手机，一年下来，眼睛近视了……"

在这段文案中，文案手一开始就说"据调查显示"，这就是在向读者表明，这是有理有据的，经过权威部门分析调研出来的，而不是胡编乱造的。再以各地区的某个同学为例，告诉读者这些调研结果是通过哪些事实根据得到的结果，进一步表明这并不是文案手的凭空臆想。类似这样的文案，就是文案手站在中立者、观察者的角度进行撰写的。

与文案手分享：

为了使文案更具说服力，文案手需要在文案中使用举例子、引用等方式，让文案内容变得更丰满。并且，为了避免因使用案例而让文案内容产生自卖自夸之感，我们可以从以下几个方面入手：

一、突出对读者的好处

人们在做一件事的时候，最先考虑的永远是"我"。比如"我家孩子考了多少分""我爸妈身体怎么样""我穿这件衣服好不好看"……所以，文案手在撰写文案的时候，也要站在读者的角度，去思考"我"的想法。当读者从我们的文案中能够切实地看到产品为大众提供的便利之后，就会产生购买欲望。

比如"××钢笔，让你的字迹更美丽""××鼠标，提高你的办公效率""××碎纸机，让你的秘密无人可知"……这些文案都是非常直接地说出了对读者的好处，让读者在第一时间就能了解到，自己在使用这个产品后会产生什么效果，从而选择是否购买。

二、适度夸大产品效果

如果我们在撰写文案的过程中，能够适当地运用修辞手法，对产品的效果适当夸大一些，能有效增强目标用户的购买欲。注意：是适当夸大，而不是将产品本身很小的功效放大到无限，也不是将产品本身没有的功能说成有，更不是毫无根据地胡编乱造。否则我们将失去企业的信誉，甚至会违反广告法。

比如我们要写某款面膜的美白功效，可以说"××面膜，有效提亮肤色，让您不用上妆即可上直播。"像"不用上妆即可上直播"就是对产品的功效进行了适当的夸大，但当读者看到这样的文案后，即便知道这根本不可能，很有可能选择直接购买。

所以说，如果我们能在合理的修辞范围内对文案进行创作，即可使产品达到最佳的宣传效果。

三、针对一个群体着重讲述

有些文案手在撰写文案时，既想讲述这个群体，又想讲述那个群体，比如"关于锻炼，胖子和瘦子各有妙招"。像这样的文案，如果文案手只依靠天马行空的想象去撰稿，一会儿胖子一会儿瘦子，很可能会导致文案的逻辑顺序非常混乱。

所以，我们要学会只针对某个群体进行具体且详细的讲述。比如"胖子就该多运动"这样的文案，我们只要针对"胖子"这个群体，说说怎样才能增加对脂肪的消耗，从而达到瘦的效果即可。如此才会让读者觉得我们的文案内容顺畅、自然，并让这类群体信服文案中的观点。

四、用亲身体验来说服

前面我们说过，我们在撰写文案的时候最好站在客观的角度进行阐述，如果以自己的想法为主导，很可能会使文案陷入一种"以自我为中心"的怪圈中。既然如此，这里为什么又要用亲身体验来说服读者呢？

事实上，这两者并不矛盾。当我们站在第三方的角度时，注重的是观察和分析。而当我们站在第一人称的角度时，重点是亲身体验、身体力行。所以，这两者都具有很强的说服力。

比如某款睫毛膏的文案："各位 MM 们，我今天使用了××睫毛膏，你们看是不是很翘？是不是感觉眼睛超大？不仅如此哦，用完以后还超好洗呢，绝对不会像劣质睫毛膏那样，把满脸弄得黑黑的……"

这条文案就是站在亲身体验的角度来撰写的。由此可以看出，当我们用第一人称去说服目标用户时，一定要先把自己的亲身体验说出来，并在中间穿插我们对产品的感想、变化、功能等，以增加读者的信任感。如果我们没有使用的产品，那就不要用第一人称去撰写文案，否则就可能陷入言之无物、体验不够、导向错误等局面。

第 **5** 章 | 长文案难写
还是短文案难写

001 结构是长文案的秘密武器

经典文案回放：不平凡的平凡大众

马校长，不会乐器，不懂乐理，但他有个合唱团。

15 年来，他坚持每天放学后教孩子们唱歌。

他像父亲一样，用歌声教他们长大。

他对孩子们说："你能唱出那么美的声音，就表示上帝对你与众不同。你也要爱你的与众不同。"

在合唱比赛的重要日子，孩子们吓坏了，校长告诉他们："闭上眼睛，张开嘴巴，只管唱出你身上的自己。"

最后，当纯朴优美的原住民山歌在赛场上响起，清清亮的童音和孩子们乌黑真诚的双眼，赢得了赛场所有人的喝彩。

这一刻，观众们的心也跟着热血沸腾。

合唱比赛大获成功，这一天，他终于让天使相信，自己就是天使。

——大众银行宣传短片文案

案例解析：

大众银行的这则宣传短片文案来自一个真实的故事，这种用朴实的语言写出的真实文案，往往最能打动人。文案中虽然没有华丽的辞藻，但长文案给予了它更广泛的创作空间，并赋予了文案本身更强大、更丰富的能量，所以，该文案内容同样成为经典。

而经典文案广告的意义就在于：当我们认为整个行业的前途都非常渺茫的时候，它告诉我们，一个人能做的还有很多，并且有人已经做到了。

因此，即便很多人都觉得品牌的文案应该足够精简，最好是一句话甚至是几个字就能引爆口碑，但长文案所拥有的重要意义也是毋庸置疑的。当然，长文案也确实存在它固有的劣势，比如读者可能会没有耐心读完。所以，如果我们不能写出足够优质、有张力，并且与品牌巧妙融合的长文案，那就只能被淹没在文案的大海里。

与文案手分享：

要想写出足够优质的长文案，不仅需要文案手有出色的文字功底，还要求文案手对产品和品牌有清晰的认知。只有找到产品最与众不同、最独特的那个点，才能撬开用户的心。那么，我们要如何才能写出足够精彩的长文案呢？以下几个技巧可以参考一下：

一、学会讲一个故事

故事的表现形式会让长文案更有画面感和信服力。在撰写故事类的长文案时，要注意人名、地名等细节方面的描写，这些名词地运用能让整个故事显得更加鲜活。例如保德信保险的故事型长文案"智子，请好好照顾我们的孩子"就是这样描写的：

日航123航次波音747班机，在东京羽田机场跑道升空，飞往大阪。

时间是1985年8月18日下午6点15分。机上载有524位机员、乘客以及他们家人的未来。45分钟后，这班飞机在群马县的偏远山区坠毁，仅有4人生还，其余520人，成为空难记录里的统计数字。

这次空难，有个发人深省的地方，那就是飞机先发生爆炸，在空中盘旋5分钟后才坠毁。任何人都可以想见当时机上的混乱情形：500多位活生生的人在这最后的5分钟里面，除了自己的安危还会想到什么？谷口先生给了我们答案。

在空难现场的一个沾有血迹的袋子里，智子女士发现了一张令人心酸的纸条。

在别人惊慌失措，呼天喊地的机舱里，为人父、为人夫的谷口先生，写下给妻子的最后叮咛：

"智子，请好好照顾我们的孩子！"

就像他要远行一样。

你为谷口先生难过吗？还是你为人生的无常而感叹？免除后顾之忧，坦然地面对人生，享受人生。这就是保德信117年前成立的原因。走在人生的道路上，没有恐惧，永远安心，如果你有保德信与你同行。

二、学会使用数字和时间

用数字来连接本身无关的两件事，从而使事物在感官上存在一种联系，能够让用户对事情的情绪更加强烈。而在长文案中对数字的使用，大致有三种：

1. 相同数字之间建立的联系，能够让文案读起来更具趣味性。比如节选自长文案中的"毕业 3 年初吻还在，可以忍；护照办了 3 年却没盖一个章，不能忍。""见过半夜 3 点的上海滩，没有超过 3 个月的男朋友。"

2. 不同的数字组合能够让文案形成强烈的反差，增加可读性。比如："房价 8 个月翻一番，可以忍；发际线高了一点点，不能忍。""已经在忍 PM500 的雾霾，别再让我忍 5 块钱的口罩。"

3. 一直在变化的数字，能够让文案呈现出动态形式。所以，我们也可以借助数字的变化，让文案的节奏"动"起来。比如在长城葡萄酒的经典系列文案中，其中一篇"十年间，世界上发生了什么"就是利用变化的数字来表现 10 年的动态世界，衬托"一瓶好酒"的珍贵。我们来看一下：

65 种语言消失；

科学家发现了 12866 颗小行星；

地球上出生了 3 亿人；

热带雨林减少了 6,070,000 平方公里；

元首们签署了 6,035 项外交备忘录；

互联网用户增长 270 倍；

5,670,003 只流浪狗找到了家；

乔丹 3 次复出；

96,354,426 对男女结婚；

25,457,998 对男女离婚；

人们喝掉了 7,000,000,000,000 罐碳酸饮料；

平均体重增加 15%；

我们养育了一瓶好酒。

三、学会使用类比

如果我们要公布一个消息或发表一个观点，就可以使用类比的方式先做一系列的铺垫。这需要我们先找到自己想表达的类似观点，然后根据一定的顺序描写文案。比如：

过期的凤梨罐头，不过期的食欲；

过期的底片，不过期的创作欲；

过期的《PLAYBOY》，不过期的性欲；

过期的旧书，不过期的求知欲。

全面 5~7 折拍卖活动，

货品多，价格少，供应快。

知识无保存期限，

欢迎旧雨新知前来大量搜购旧书，

一辈子受用无穷。

这是李欣频写给诚品旧书拍卖会的文案，为了表达"过期的旧书，不过期的求知欲"这一观点，她使用了三个类比的生活场景。

四、学会使用排比句式

通过三个以上结构相同的句式，能够使文案起到增加语势、加重情感的作用。比如在科比复出的耐克长文案中，文案手就通过 10 句"他不必"的连续使用，最后告诉人们"他必定卷土重来"，使文案的每一句读起来都显得热血沸腾。

总而言之，用质感十足的文字来诠释品牌和产品特质，并将两者完美地融合为一体，就是创作长文案的基本素养之一。

最后，长文案的存在确实让文案手有更多的发挥空间，但也要注意，每一句文案的存在都应该是为了推动用户的情绪发展。否则，那些多余的文字只能被称为"凑字数"，而非"长文案"。

002　让长文案更好读的办法

经典文案回放：Are you sure？

一款手机应用为了让该广告界面的文案更加好读，文案手这样设计了文案内容，如下图所示：

Are you sure?

Choose Continue to keep going.

If you continue, your phone will also
self-destruct in five minutes.

CANCEL　CONTINUE

根据调查显示，在这个应用界面中，有相当多的用户直接选择了点击"CONTINUE"，也就是"下一步"按钮。

案例解析：

专业人士通过大量的研究表明：很多用户并不会仔细阅读网页上的文字，无论文字多么优美，他们只习惯粗略地浏览并摘取文案中只言片语的信息。

这就要求文案手在某些应用中绝不能简单地堆砌文字，并且当我们无法用简单的语言概括一个行为时，就表明我们的文案设计过于复杂。简单来说，设计文案的时候绝不能使用无意义的占位符，而要使用真实的文案。

与文案手分享：

很多人都遇到这样的文案：看一眼，晕；再看一看，更晕；看完之后惊叹："这样的文案也能出街？"对于这种文案，我们先不说它的创意和效果如何，就内容而言，真的有点对不起受众。而要想让一篇文案好读一些，文案手可以从以下几个方面入手：

一、先分段

一般情况下，一篇长文案中都会谈到多个方面的信息，这就需要我们有条理地把长文案分割成若干个相对独立的信息块或段落。比如每隔 1~3 个句子就双击一下回车键。

这种方式可以让文案的段落之间留出一定的空隙，就像是摄影师经常用留白的方式来体现焦点所在一样，文案手也可以用空白行来强调需要重点关注的地方。不仅如此，空白行还可以用一种优美柔和的框架来组织信息，让读者能够更好地沉浸其中。

二、巧用小标题

在不同的板块或段落之间，运用不同的小标题进行串联，对阅读率会有明显的提高。就像系列型的长文案，就可以安排一些巧妙的小标题，让那些懒得阅读全文的人用最快的速度得到自己想要的信息。比如大众点评网的长文案"我们之间就一个字"，就是利用小标题的形式，有效激起了读者对内容的好奇心。如下图所示：

三、多用过渡性词组

过渡性词语能在文案中起到承上启下的作用，使全文的语气显得更为老练和成熟。比如对"也""更重要的是""更何况""值得一提的是""令人惊讶的是""试想一下""当然，在××方面"等词汇的使用。这些词语能够让读者知道文案手准备给他讲一个故事、勾起一段回忆或为他们描述一幅画面，大多数读者都很喜欢这种形式。

还可以多使用"因为"这个词。这个词就像是另外一个触发器，能够让人们了解到接下来他将会听到某种辩护，或者某个能够让人们点头的理由。

就像知名学者、作家 Dr. Robert Cialdini 在他的畅销书《影响力 Influence》中所说的："有一项很有名的说法是说当我们希望寻求他人的帮助时，如果可以给出一个合理的理由，那么成功的机会会更大。人们喜欢为自己所做的事情找理由。"之所以会这样，就是因为它是经过科学验证的。

另外，我们还可以将一些非重点的文字放在备注、随文、图片说明里，或者可以用"（ ）"来起到画外音的作用。这样不仅不会影响阅读时的语气与顺畅感，还能让文案显得更加严谨周到。

四、加粗文案中的关键内容

对关键内容进行加粗，可以帮助读者快速获取我们希望他们了解的信息。因为人类天生就对具有差异性的事物比较敏感，并会在潜意识中关注新的或不一样的事物。除了加粗之外，文本中的斜体、下划线、字母大小、添加链接等方式，都可以帮助我们吸引和保持读者的注意力。

此外，文案的读者最需要的是资讯，所以我们要为他们提供最到位的信息，使用过多的形容词和副词并不能帮助我们做到这一点。比如美国著名作家史蒂芬·金在他的回忆录《On

Writing》中写道："通向地狱的路是用副词铺就的"。他表示，副词的存在会破坏句子的吸引力。

所以，我们最好看看自己的文案中用了多少个副词，然后将这个数量减到一半或四分之一。如果我们希望自己所写的内容能够牢牢地吸引读者，可以用一个简单有力的动词来代替那些平淡无奇的副词。比如把"她心情非常不好"换成"她生气了。"

无论如何，对文案的创作，尤其是对文字的润色并不简单，它需要文案手拥有卓越的胆识和沉着的个性，才能更好地完成这一项具有挑战性的工作。

003 火爆朋友圈的文案是怎么写出来的

经典文案回放：微商文案桥段

"这是 20 万，离开我儿子。"

"阿姨，我们是真心相爱的。"

"40 万。"

"阿姨，我不是为了钱，我觉得这个世界感情不能用金钱来衡量啊。"

"60 万。"

"阿姨，您这是逼我啊。"

"100 万！我说最后一次，离开我儿子！"

女孩叹了口气，顿了 3 秒之后，缓缓从口袋掏出支票。

"这是 2000 万，我要嫁给你儿子！"

阿姨惊讶地问："包煤矿的？"

女孩淡淡地说："卖 × × 面膜的。"

——《做好微商再结婚》

案例解析：

朋友圈，顾名思义，就是一种基于熟人社交的营销模式。短小真实、去广告化，是朋友圈文案与许多广告文案的最大不同。以上这篇文案，就是运用众所周知的家庭伦理剧，老坛装新酒，却意外戳中微商营销者们的痛点，结果这篇文章得到了疯狂的转载。

另外，有人曾做过一个微信公众号的基础数据分析，他选取了 2016 年 4 月到 8 月的 100 多篇文章，经过分析后发现，目前阅读量最高、上 10W + 的文章，都是"鸡汤文"。比如"时间会证明一切""生命中最难熬的那段时光，你是如何度过的""写着写着，就好起来了""谢谢你陪我把生活过成梦想"……

这些"鸡汤文"在人们有挫败感的时候、怀疑人生的时候、被别人伤害的时候、否定自己的时候，能够很好地起到"打鸡血"的作用，帮助人们面对现实，重新出发。

与文案手分享：

很多做微商的朋友都会遇到这样的问题：朋友圈每天发，微信里的潜在客户也不少，但就是没人搭理，还总是被对方屏蔽。明明觉得自己写的文案已经很吸引人了，却总是无法激起潜在客户的购买欲，怎么办呢？

一、价值为王

上面我们已经说过，"鸡汤文"更容易获得人们的喜欢，所以有不少文案手开始整天"45 度明媚忧伤"，告诉别人自己走在"心灵的单行道上"。结果就导致如今心灵鸡汤过剩，或者直接成了呛口的"辣鸡汤"。

如此一来，"鸡汤"的作用好像就无法满足广大朋友圈的心理需求了。因此，朋友圈的读者们开始更看重产品或服务，更关注我们能为对方带来什么样的惊喜和价值。所以，当我们还没有任何价值之前，不妨先停下来，找准自己的价值定位再往下进行。

另外，在生活中我们很可能会遇到这样的尴尬：自己精心挑选了一件自以为很有个性的衣服，结果刚出门就和邻居家的小姐姐"撞衫"了，这种情况谁都会不痛快。文案同样如此，每个人都希望自己或接触到的东西是独一无二的，所以那些被转发了无数遍的东西如果再发到朋友圈里，肯定也不会再有什么吸引力。

二、来点"对话"

在朋友圈里唱独角戏的案例层出不穷，但这种方式不仅累，还可能在朋友圈好友的指尖下无法停留哪怕一秒的刷频时间。所以，我们需要学会与朋友圈好友"对话"。

既然是对话，一个人肯定是不行的，至少也得两个人。但是，我们要如何在朋友圈中"对话"呢？其实这就跟粉丝互动一个道理，比如"纵贯线"，不仅能把每个人的粉丝都拉过来，还能有效拓宽自己的关注面，在朋友圈中吸引更多人的眼球。

另外，互联网时代的写作其实都是互动式写作，这就要求文案手必须站在读者的角度去思考问题。比如"你为什么……""我们要怎样……"等文章，都是从标题开始，就把核心问题落实到跟读者的关联上。

对此，有个最简单的方法就是：在标题上多用"你""我""我们"这样的词语，这样我们的文章和读者的距离就会拉近很多，为读者搭建一个"走过来"的通道。比如"不要把你的穷病传染给你的孩子""你是什么人，就会遇见什么样的人""我们为什么要努力赚钱"……

最后，我们的文案风格要足够有趣。对此，有人跟众多"公号狗"交流后，大家一致表示同意的就是："新媒体上的文章要火爆，趣味性太重要了！"所以，要想用户能像追电视剧一样，每天饶有兴趣地追我们的文案，切忌枯燥、说教、苦大深仇，这都是让朋友圈火爆起来的天敌。

004 积累常识，而不是形容词

经典文案回放：没有形容词的短文案

1. 雅芳比女人更了解女人——雅芳
2. 这是春天的最后一天，我在左岸咖啡馆——左岸咖啡

3. 我不认识你，但我谢谢你——献血文案

4. 他喜欢天空，我喜欢大海——旅游文案

5. 不喧哗，自有声——别克君越

6. 用快乐美容，绝无副作用——《悦己》杂志

7. 一切言语，不如回家吃饭——回家吃饭 APP

8. 没人上街，不一定没人逛街——天猫

9. office 不用太大，装得下梦想就好——某办公室租赁文案

10. 你本来就很美——自然堂

案例解析：

形容词很有用，比如张爱玲笔下的形容词总能像毒药和匕首一样，准确地给人"致命一击"。所以，很多文案手总想把问题回答得非常完美，为此，他们不停地对文案进行修饰，觉得"成语""诗句""形容词"是文案的三大法宝。尤其是对成语和形容词的运用，总能让我们的文案看起来"有文采"，如果写一句大白话都不好意思说自己是个文案手。

殊不知，在文案创作中，文案手需要积累的永远是常识而不是形容词。因此，高级文案手表示：只有当文案中的美丽、优雅、自信等毫无感觉的形容词都被删掉后，才是好文案的开始。

与文案手分享：

我们已经知道，文案中的形容词很容易让文字失去原有的活力。所以，我们在创作文案时，最好使用那些"活生生""不加修饰"的句子，因为原始资料永远比精心雕琢的意见更可信。

一、形容词让人无法产生概念和参考

比如当我们想向人们完美展示一件物品时，形容词作为"用来描写或修饰名词或代词，表示人或事物的性质、状态、特征或属性，常用作定语，也可作表语、补语或状语"的形式，它的存在是必不可少的。

事实上，这正是每个刚开始做文案的人都容易犯的错误，一心只追求文案的精致和文采，却忘了文案最重要的目的是为了完成对产品的推介，从而影响消费者的心智。而形容词的存在，并不能让消费者更好地了解我们的产品。

比如说我们要赞美一个女孩长得好看，如果我们直接说"她是一个非常美丽的女孩"，你的脑海中对这个女孩的"美丽"有概念或参考性吗？并没有！但如果我们说"那个女孩有点像范冰冰"或"那个女孩的三围是84、62、86"，相信很多人都会表示"嗯，是很好看"或"哇，身材好好"等。

二、学会积累常识而不是形容词

身为文案手需要端正自己的"思想态度"，明确自己要"积累常识，而不是形容词，靠形容词过日子，只会是错误。"这句话能够帮助我们在写文案时提醒自己更加关注文案本身和写文案时的心态，具体如下：

1. 文案手需要尊重自己内心的声音，尊重对产品知识的积累，不盲目跟风，也不过度迷信百度，更不要依靠一些华丽的形容词来迷惑读者。

2. 像文案的阅读量、粉丝及关注度等，其实积累的也只是一个数字而已，同样也属于形容词。文案手不能因为这个而沾沾自喜、偏离方向，对常识的积累，对自己及读者负责任的态度，坚持用心创作，持续对文案进行总结和进步，并从中收获益处才是最重要的。

当我们的常识积累得越丰富，就越容易激发对文案思考的活力。比如生活中大量有趣的事情和经验等，都是最有力量的文案题材，而对人性和真实的情感，才是一个取之不尽、用之不竭的宝藏。

005　如何用一句话打动人心

经典文案回放：那些戳中人心的短文案

1. 人生没有白走的路，每一步都算数——New blance

2. 别让这座城市留下你的青春，却没留下你的人——某地产文案

3. 我把所有人都喝趴下，就是为了和你说句悄悄话——江小白

4. 世间所有的内向，都是聊错了对象——陌陌

5. 我能经得住多大诋毁，就能担得起多少赞美——诺基亚 N97

6. 你未必出类拔萃，但肯定与众不同——台湾求职服务机构 104 银行

7. 伟大的反义词不是失败，而是不去拼——Nike

8. 大众都走的路，再认真也成不了风格——Jeep

9. 去哪里不重要，重要的是去啊——去啊

10. 不是现实支撑了你的梦想，而是梦想支撑了你的现实——北大宣传片

案例解析：

对文案手来说，能在有限的职业生涯中创作过几篇被人传送的好文案，是最值得骄傲的事情。比如"非同凡想""你值得拥有""滴滴香浓，意犹未尽""只溶在口，不溶在手"……这些文案都非常简短，并且总能戳中用户心中的某个点，属于非常棒的短文案。

与短文案相比较而言，长文案因为有足够的篇幅去表达层次丰富的信息，所以即便是细节之处有什么不妥，但只要整体内容能立住，就基本能完成任务。短文案则不同，它需要用有限的字数打动受众，所以每个字词都可能是决定文案成败的关键。

那么，那些一句话就能打动人心的短文案是如何创作出来的呢？

英国著名作家王尔德曾说过："我花了一个上午的时间去掉了一个逗号，到了下午的时候我又把它放回去了。"说的就是文案必须要先精读，然后才能流传经典。这个方法放在短文案的创作中同样如此。

与文案手分享：

精炼是短文案最基本的要求，那我们该如何用短小精悍的

文字去打动别人，并使之经得起传诵呢？

一、擅长收集经典短句

身为文案手，我们一定要擅长收集那些经典的短句，比如富兰克林的"多数人在 25 岁就死了，直到 75 岁才下葬"；饮食男女中的"人生不能像做菜，把所有的料都准备好了才下锅"；彼得·艾滕贝格的"如果我不在咖啡馆，就是在往咖啡馆的路上"……

只要这些句子能打动我们，不要怕麻烦，先把它记录下来。也许在未来的某一天，某句话就能成为我们创造经典短文案的灵感。

二、短文案创作技巧

1. 我们需要"通识"

生活中有许多能让我们感受到共鸣的引线，而这些内容需要我们从报纸、新闻等方面获得。然后根据这些问题进行思考，比如有人会把苹果做成苹果派，有人却能从中发现万有引力。不同的思维方式，将决定我们能够获得什么样的答案。

2. 学会套用"模型"

根据已有的基本思考架构，能够让我们的思绪畅通，不再枯等灵感。像彼得·艾滕贝格的"如果我不在咖啡馆，就是在往咖啡馆的路上"一句，就曾被许多人"套路"，比如"我不是在写作，就是在往酒馆的路上""我不是在旅行，就是在旅行的路上""我不是女神，我是依然在路上的女生"……

当然，在套用"模型"的过程中，还需要我们确定要用谁的观点，或者是什么角度的问题。哪怕是胡思乱想也可以，别设限，就能看见新角度。

3. 精炼，再精炼

只有经过不断精炼再精炼的句子，才能成为令人眼前一亮的短文案。比如哲学大师休谟说："存在即知觉。"一句话不仅掌握了核心概念，省去多余的形容词，还让自己的句子更有力。

除此之外，我们还可以多用肯定句，比如培根说："知识就是力量。"这种坚定的语气让他更有说服力；可以制造反差，比如穆勒说："做一个不满足的人，好过做一只满足的猪。"强烈的对比，让人看一眼就忘不了；还可以自创新词，比如哲学家海德格说："我的现存在是可以过问的存在。"他自创新词"现存在"，让人们下意识地记住了他的话。

不仅如此，每个词语都有"家人""朋友"和"敌人"，如果我们能够找出它们，那我们的用字遣词将会更加灵活。

006 如何从繁杂中提炼简短信息

经典文案回放：别赶路，去感受路

"别赶路，去感受路"这句广告语出自沃尔沃，它与当初利群的电视广告"人生就像是一场旅行，不必在乎目的地，在乎的是沿途的风景以及看风景的心情"有点类似。但"别赶路，去感受路"却更显得简洁上口，并且读起来总能给人一种哲学的味道。

案例解析：

短文案的"短"，只是一种表象，展开后我们就能发现，它里包含着收放自如、变化多端、意味悠长，让人不知不觉就能看二三十遍。

另外，短文案并不是一个明确、专业的概念，但由于它更加短小精悍、易于传播、易于显摆文字技巧和创意智慧，总能让人印象深刻，所以就有了"短文案"的说法。

与文案手分享：

文案的创作，不仅在于"灵感"，也不只是我们一直强调的"感性"或者是"情怀"等对艺术创作的重大意义，更在于技术层面的操作。比如我们需要凭借一些技术性的手段来帮助我们拓展思维，以实现文案创作方面的语言捕捉。但是，我们要如何才能从繁杂的信息中提炼出我们想要的语言信息呢？

一、利用数字与效果的关系

我们这里所说的数字并不是销售数字，比如"每年卖出多少亿个""可绕地球 100 圈"……虽然这也是一种非常有效的方法，但因为传达的内容比较单一粗暴，并且从某种程度上只能表现出该产品受欢迎的程度，所以更适合快消类的产品文案。

更何况，这些数字与产品本身的特性并没有什么直接体现，所以无法让用户对其产生兴趣和需求。另外，这个数字的存在是为了加强文案的效果，而不是一个说明数据，所以要更具趣味性和生活化。

比如在写一款家居品产品的文案时，我们想强调它的收纳能力，如果直接写"4.82 立方米的超大容积"，很多用户对这样的数字并没有大多的直观认知，自然无法对其形成吸引力。但如果我们说"有了它，你就可以多买 11 件衣服了"，就能够让用户直观地看到产品对品质生活的许诺，知道自己能从中得到什么。

二、采用 FAB 终极三问

所谓 FAB 终极三问是指：

Feature：你的产品有什么属性？

Advantage：这个属性有什么作用？

Benefit：这个作用对消费者有什么好处？

简单来说，就是在产品的特点、属性、功能和用处中，用户能获得的利益。采用 FAB 法则介绍产品有三大好处：能让用户听懂产品介绍；能给用户真实可靠的感觉；能提高用户的购买欲望，使其对产品有更加深入的认识。

事实上，FAB 就是制造产品与用户之间的联系，或者说是与用户需求之间的联系。很多文案单独拿出来看都很有创意，但一拿到具体场景中却总是被人忽略，就是因为受众者觉得"它跟我没关系"。

因此，文案手需要对"FAB 终极三问"进行一定的研究，以帮助我们能在短文案的创作中快速抓到用户的痛点。比如某护肤品的文案"一双开裂的手，最不适宜出现在社交场合。"

三、运用思维导图联想

思维导图又被称为心智导图，它是一种表达发散性思维的有效的图形思维工具，最初由英国的"大脑先生"东尼·博赞发明创建。思维导图是运用图文并重的技巧，把各级主题的关系用相互隶属与相关的层级图表现出来，再把主题关键词与图像、颜色等建立记忆链接。

根据思维导图记录下来的联想节点，我们可以综合分析、判断出联想词和产品、活动之间的联系。尤其是在只有简单信息的情况之下，产品的宣传方向、理念等都还没有确定的阶段，思维导图能够尽可能大范围地给我们提示，以帮助我们把握和规划思维推动的脉络。

比如我们现在要为某白酒品牌做文案，那我们就可能会得出下面这种形式的思维导图：

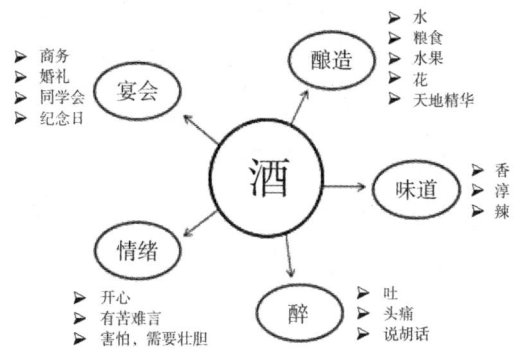

而我们的文案就可以从这些联想词语中得到有用的信息，比如红星二锅头的文案"把激情燃烧的岁月灌进喉咙""将所有一言难尽一饮而尽""让干杯成为周末的解放宣言"……

四、使用 MECE 分析法

MECE，全称为"Mutually Exclusive Collectively Exhaustive"，中文意思是"相互独立，完全穷尽"。就是把一个工作项目分解为若干个更细的工作任务的方法，其原则主要有两条：

1. 完整性，即分解工作的过程中不要漏掉某项，要保证完整性；

2. 独立性，主要是在强调每项工作之间要独立，每项工作之间不要有交叉重叠。

如果把它放在文案的撰写过程中，就表示我们需要拆解产品的事物本身，并且要尽量完善地把属于产品的元素，分门别类地列举出来。有专业人士建议，MECE 的分析方法可以借助九宫格的形式来列举产品优势，就是将产品或品牌放在中间，再围绕这个词罗列内容。我们以某服装品牌为例，看下图所示：

　　这种方式能够帮助我们更准确、全面地把握产品的特点，最后撰写的短文案即使无法做到出类拔萃，也不会跑偏，并且能做到言之有物。

　　以上列举的四种方法都需要很大的工作量，并且看起来可能会有点"笨"。但这种"笨方法"做多了之后，自然而然地就会增加文案手自身的积累，让我们在经验和创意方面得到全面的充实，并在需要时迸发出足够的灵感。

第**6**章 | 玩转新媒体文案
创作的七个姿势

UNCREATIVE
COPYWRITER CANNOT BE
CALLED REAL

001 学会使用网络媒体语言

经典文案回放：文案高手，约吗？

某公司在招聘文案策划时，以"文案高手，约吗？"为标题，撰写了一则令人眼前一亮的招聘广告。其内容如下：

"我们乃一介草民，待过还算牛的甲方，混迹 4A 广告行业多年，服务过多种客户，现在希望按我们的想法做一些自己想做的事情。

我们需要的文案：

有 idea，天马行空的 idea，知道什么是好的图片和文字，也就是说逼格一定要高、爱生活爱旅行、了解什么是互联网热点；会玩，也能静下心来，花很多时间找很好的图片。

那么约吗？赶紧约！"

案例解析：

与传统媒体时代只能被动接受商家的广告相比，新媒体时代的广告变得越来越有趣、多元。而互联网语言的存在，让如今的广告语既能赶得上潮流，又能更加准确地描述产品特点。

比如因傅园慧而爆火的"洪荒之力"，还有之前的"友谊的小船说翻就翻""Papi酱""这是一道送分题"等，都能给人一种"萌萌哒"的感觉。所以，我们只要能在文案中用对互联网语言，其氛围就会显得格外不同。

更何况，作为网民通过互联网平台自主创造改变的话语符号，网络语言能真实地反映出现代社会中的一些现实问题。它大多来源于方言、外语、缩略语、谐音等方面，属于一种混合语言。比如"做人不能太霍顿""一股泥石流""来啊，互相伤害啊""我差不多是条咸鱼了""讲真""我走过最长的路，就是你的套路""辣眼睛""重要的事情说三遍"……

与文案手分享：

网络语言的传播速度非常快，并且具有重要且又简洁明了的基本特征。如果我们能在文案中运用到网络媒体语言，就可以有效拉近与用户的距离，增强文案内容的流行性，有利于提高广告效益。

一、根据网络语言的特点创作文案

1. 新奇性

新奇性即旧词新用，像论坛经常出现的"斑竹"就是"版主"的意思，这些词语的出现，很大程度上都能够反映出人们的新奇心理。

2. 调侃性

比如"嫁人就嫁灰太狼，做人要做懒羊羊"这类词语的兴起，都是用来调侃一些社会现象，网民可以通过这种方式来表达各自的状态，或者用来彰显自己的个性。

3. 时代性和短暂性

每年的网络媒体语言都层出不穷，但没过多长时间总能被新的词语代替。因此，当人们的关注焦点转移时，那些旧的网络语言就会像"死在沙滩上的前浪"一样，再无法吸引任何人的注意力。

二、文案中运用网络媒体语言的作用

1. 提高产品的品牌效益

由于网络媒体语言本身具有很强的娱乐性，所以，当文案手对其进行重新整理和编辑后，能够使广告文案显得更加简洁和清晰。通过这种轻松、幽默的表达方式，能够有效形成轻松的氛围，并增强产品的品牌效益。

比如淘宝商城的"没人上街，不代表没人逛街"，表面上并没有把自身的商业目的表现出来，却向用户表达出淘宝可以为人们的购物提供各种便利条件，既减轻了用户对广告的排斥感，又有效提升了品牌的好感度。

2. 提高广告文案的关注度

与一般的广告文案相比，添加了网络媒体语言的广告文案显得更加活泼和形象，也更容易与用户产生共鸣。比如戴尔系列广告中就启用了蒋方舟的兔女郎装扮，这种装扮不仅能够吸引用户的眼球，还能表达出很多年轻人想要突破内心的期望。与传统广告文案相比，这种方式更容易给用户留下深刻的印象。

3. 使文案传达的信息氛围轻松

广告文案与人们的现实生活息息相关，但因为人们每天都

在重复着相似的生活，所以那些新鲜的、有趣的信息会更容易引起人们的注意，而这种轻松的信息传达方式，也更容易获得目标用户的认可。

比如京东商城的男装模块打出的广告语"不想要单、要酷，学男人帮购物"，孙红雷的时尚代言再配合京东的产品形象信息，有效消除了人们对信息分辨和检索产生的厌烦，帮助目标用户轻松、快速地找到男装品牌，并完成购买流程。

由此可见，如果我们能把网络媒体语言运用到广告文案中，就可以有效拉近广告文案与现实生活的距离，增加消费者对广告文案的关注度。

但是，并不是任何网络媒体语言都可以运用到广告文案的创作中，一旦运用不当或词语本身存在争议，就可能给产品带来一些负面的影响。因此，我们在选择和运用网络媒体语言时，最好能了解一下该词产生的背景和相关事件，以保证应用的准确性。同样，只有选择一些具有传播价值以及正确的价值观引导作用的媒体语言，才能增强产品的特色。

002　开启"这就是文案"模式

经典文案回放：黎贝卡的异想世界

时尚博主黎贝卡在自己创办的公众号"黎贝卡的异想世界"中，有一篇标题为"无须堆大牌，平价也能毫不费力穿出时髦感（送 Topshaop 折扣码）"的文章。黎贝卡不但把文章放在了推广栏目，并在标题中明确指出了自己所推广的品牌。文章的开篇第一句是："今天要推广的这个品牌，是黎贝卡的心头好，它是我衣柜里最多的高街品牌，没有之一。"

之后，黎贝卡又在内容中写到各路明星对该品牌的驾驭之道，以及招牌产品的搭配要点等，延续了黎贝卡一贯的"实用"特色，让人读起来与一般的时尚博文没什么差别。最后在文章的结尾放置了品牌优惠码，看了推广后就直接"剁手"的妹子不在少数。

案例解析：

当微信公众号的文案内容成熟之后，文案手就会发现，原来读者对文案的容忍度和接受度是可以无限扩大的。当然，其前提是"这是一篇好文案"。

所以，有些文案手就开始启动大胆模式。比如黎贝卡的这篇文章开头就写着"今天要推广的这个品牌"，直接开门见山地告诉读者："这就是一篇文案，你是看呢，还是看呢？"这就需要考验文案手的真功夫所在。要知道，一篇好的文案绝不是简单的内容加广告的复制粘贴，而是要有机植入，合理组合，才能成为读者的"心头好"。

在这里，我们需要了解一个词语——卷入度。卷入度是英文单词"involvement"的直译，其中卷入是吸引进去，卷入度则是吸引进去的过程。比如在塑造品牌时，如果可以利用边缘线索和说理来提高受众卷入度，那么在理性和感性兼用的说服过程中，受众的卷入度也会越来越高。

在用户阅读文案的卷入度中同样如此，比如当品牌的硬广在受众卷入度的顶峰时引出，那么用户的接受度是最高的，广告的效果也是最好最久的。

比如在一篇名为"城会玩！教你搞定年轻人这种鬼！"文章中，文案手就直截了当地表示：要了解年轻人，要靠大数据＋真人秀；要营销年轻人，尽量别按常理出牌；如何搞定年轻人？让年轻人去搞定年轻人。对营销人来说，这是一个学习年轻人营销的过程，而对文案手来说，这就是一个让营销人被深度卷入的过程。

与文案手分享：

明知道这是一篇文案还主动转发；明明没有拿过品牌的好处，还主动分享到自己的朋友圈，这究竟是怎样的一种"魔性"？好的文案总是各有优点，但从文案手的角度来讲，一篇能被疯狂转发的文案到底是如何炼成的呢？

一、要树立信息源的权威

信息源一般是指信息的发源地或来源地，其可信度能够影响信息传播的效果。而受众对某个微信公众号的兴趣和信任，同样需要一个漫长的培育过程，尤其是在受众处于高卷入度的时候。

一般情况下，运营号要想获得受众的认可，大多需要经过2～3年的自媒体运营积淀，等在相关领域打响名号，积累到一定人气后，才开始试探微信商业文案。

但是，这种信息源的权威也有正反两面。比如因为你的权威性，读者才愿意相信你，愿意接受你的文案。但反过来讲，很多问题都可能是一个未知的变量，比如你真的能确定读者会无止境地接受下去吗？一个成熟订阅号的商业临界点在哪里？承载量是多少？

这就需要"大V"们对自己有一个清醒的认知，最好能"留几手"，避免因为文案过多而导致快速"掉粉"。

二、选择用户感兴趣的方式

从选择性心理学的角度上讲，大多数人都习惯于接收那些与自己固有观点一致或自己需要关心的信息，并排斥那些与自己的固有观点相抵触或自己不感兴趣的信息。

比如说目标用户都喜欢"八卦"欧美明星的私生活，所以"石榴婆"就顺势而为，把 Reese 变成了"凯迪拉克"的代言人，直接用"八卦"的方式来证明"凯迪拉克"是好品味人生赢家的选择，完美地把品牌形象和明星八卦融合在一起。

事实上，无论是"八卦大V"谈的娱乐、时尚，还是漫画家"顾爷"聊的西方艺术，都是文案手在说服受众过程中信手拈来的素材，因为这是受众容易接受的方式。让受众即便知道这是推广文案，依然选择点击浏览并转发。这就好像童话故事看似是在讲有趣的故事，里面有可爱的卡通人物，但实际上，却是在用小朋友容易接受的方式来对其进行说理和教育。

比如订阅号"深八深夜八卦"曾发过一篇名为"如何不动声色地在前任婚礼上艳压新娘，转给需要的张馨予们"的文章。只看标题，就吊起无数女孩的好奇心，再想想那些前任，就觉得"艳压前任新娘"是一件非常有趣、刺激的事情。

之后，文案手开始在正文中讲述一个引人入胜、大快人心的翻盘故事，最后，艳压新娘的利器居然是"佳洁士牙贴"，所谓胜利就是自己有一口闪闪发光的白牙。这样的"结局"真的让大家直呼没想到。

除了明星八卦之外，像时尚、艺术、电影、游戏、美食、韩剧……只要是受众感兴趣的话题，都可以运用软文推广的方式中，借用该话题下的例证来证明产品的诉求点。

另外，有些文案手为了让自己的文案看起来"有趣"，或是为了夺人眼球，难免会走极端，反而使文案变得哗众取宠。这种文案的点击率确实不错，也能博人一笑，品牌的传播量也很好，但我们的文案中是不是适合那种"无节操""无下限"的内容，还需要考虑清楚。

003　能打动人，能传播品牌

经典文案回放：好玩的段子分享

1. 据说爱笑的女孩

　　——鱼尾纹都比较多

2. 以后的路你自己走

　　——我打车

3. 从前有只丑小鸭，不过人们发现它虽然长得丑

　　——可味道还是很好的

4. 你所有为人称道的美丽

　　——都有 PS 的痕迹

5. 你知道，就算大雨让这座城市颠倒

　　——公司照样会算迟到

6. 餐厅和服务员起了争执，气得我夺门而出

　　——服务员在我后面跟着喊："你把门给我放下！"

7. 分手的那一天，留一把伞给你做纪念

　　——你若不举，便是晴天

8. 情不知所起，一往情深

　　——再而衰，三而竭

9. 人生最重要的不是努力，不是奋斗，而是抉择

　　——当你走到人生十字路口，不知道方向的时候，请停下来好好想一想，你是什么星座？

10. 每次看到情侣在树上刻下自己的名字

　　——我就会陷入深深的沉思，为什么有那么多人带着刀子去约会？

案例解析：

我们经常能在各种信息渠道上看到围绕品牌、企业等创作的品牌段子，这种文案因为软性植入、趣味性、去广告化等因素，再加上没有广告的生硬，所以使品牌的信息传播起来有种"润物细无声"之感。

比如之前切糕因为带有欺诈性质的消费火遍全国，然后网上便出现了一个好玩的段子：

"你有车吗?"

"没有。"

"你有房吗?"

"没有。"

"那还谈什么!"

"我是卖切糕的。"

"讨厌啦，怎么不早说!"

好玩的段子，就是这样，不仅能打动用户，更能传播品牌。而这些段子最大的共同点就是：来自于现实生活中的真实场景，却又比现实生活更具戏剧性。

与文案手分享：

在这个娱乐为王的社交时代，有很多段子手大行其道，凭借其风趣幽默的文风，俘获了许多粉丝和广告主的心。很多广告主开始收编段子手，希望把这些风趣的语言运用到各自的产品文案中。对此，不少文案手都纷纷吐槽："是可忍，抢饭碗不可忍。"

但是，作为最受网友欢迎的短文，段子虽然只有短短一百多字，甚至只有几十个字，它里面却包含了无数智慧。一条好段子，可能需要写手绞尽脑汁才能完成。下面我们就来看看，段子都有哪些创作方法?

一、利用谐音

创作谐音段子的方法并不难，主要是利用不同词汇和语句的相似之处来制造笑点。这种段子方式很容易被人们理解，属于大众化的搞笑段子。而谐音段子所创造的笑点，一般就是谐音本身。比如：

A："World sing how learn。"

B："啥意思？世界唱歌怎么学？"

A："我的心好冷，你个土包子。"

像这种"中西合璧"的方式和原词与谐音高度同步，就是谐音段子的关键笑点。

二、利用典故

套用典故创作段子的方式比较多，比如曲解典故、利用典故制造误会等。这一般情况下，用破坏典故意境的方式来表达与之无关，或根本不需要典故的段子，往往能使文案获得理想的效果。因为这样的段子是由典故的强行加入产生的，能让事情和典故本身产生气氛冲突。比如：

"小明过河，不小心把他的山寨手机掉到了河里，河神冒出来，先后拿出一部 galaxy S4、一部 iPhone 5，问是不是他掉的，小明很诚实地拒绝了，最后河神把三部手机都给了他。另一人听了很羡慕，第二天就把自己的诺基亚扔进了河里，结果没一会儿，河神的尸体冒出来了。"

这个段子的典故就来自我们从小接触的故事，而使用这些典故来写段子，很容易就能引起强烈的对比感。比如手机掉进河里被河神捡到，就能产生一种古今对比。而诺基亚砸死河神，则是"老梗新用"。

三、利用歌词

歌词类段子同样很常见，而较为高级的歌词段子，一般都会根据歌词和曲调的气氛或者是给人的印象上做些文章，让段子在歌词的配合下变得更有笑点。比如：

项羽被刘邦围在垓下，夜间项羽听见四面响起了楚歌，大惊道："是谁在唱歌！"虞姬一愣："温……温暖了寂寞？"

虞姬一开口，歌词就莫名其妙地衔接上了，同时也瞬间让悲情的气氛崩盘。而这，正是这种段子的笑点所在。

四、一本正经的"歪楼"

现实生活中，总有些人能把一句一本正经的话"歪"得找不着边，而这种"歪楼"的形式，基本又可以分为以下几点：

1. 把热门事件的重点歪掉

从热门事件中的其他信息着手，或干脆把重点给"歪掉"，让原本的热门事件在段子里变成事件重点和实际表达重点完全不符的情况，就可以让我们的段子产生足够的笑点。比如："李代沫可惜了，如果按正常发展轨迹的话，应该是出专辑，开演唱会，大红大紫，然后代言洗衣粉。"

这个段子的内容看似在为李代沫惋惜，结果却因为一句"然后代言洗衣粉"而"歪掉"，让人瞬间就有种爆笑的冲动。

2. 让动物成为段子里的主角

动物是很多段子里的主角，而在写动物的段子中，肯定要使用拟人的手法。在这个过程中，最好能利用到动物身体或习性上的特点，以作为产生槽点或笑料的重点。就像蜈蚣腿多、熊猫是黑白的、霸王龙"手"短等特性，都能够成为段子中的亮点。

比如："两只蜈蚣谈恋爱，然后决定结婚了。司仪说请新郎新娘互换戒指、互换戒指、互换戒指、互换戒指、互换戒指、互换戒指、互换戒指、互换戒指……"

3. 使用奇怪的逻辑思路

一个好的段子，都不会拘泥于正常的思路和想法，并且能做到意外的合理。所以，我们在使用这种方法的时候，往往需要放弃正常地思考流程，才能让关注点和对话完全歪到一个奇怪的方面，从而使段子富有戏剧性的场面和笑点。比如：

A："今天遇到一个乞丐，他说：'可怜可怜我吧，我已经记不起来上一次是什么时候吃的饭了。'"

B："那挺可怜的，你是怎么做的？"

A："我也觉得，于是我就安慰他说：'别着急，慢慢想。'"

想要写出一个意料之外而又情理之中的段子，我们就需要：1. 先多阅读别人的段子；2. 时刻观察身边发生的事以及自己内心的"荒谬感"，尤其是那种"不体面的真实"；3. 跳出常态思维，学会适当地打破禁忌、规则；4. 学会如何顺畅生动地表达。

总而言之，我们要记得，"好段子"不是被发明的，而是被发现的。另外，只有浑然天成的段子才能被叫做好段子，那些生拉硬拽的谐音、异读，则是令人生厌的。

004 时刻关注行业动态追热点

经典文案回放：守得住，才能赢得稳

2017 年 3 月 23 日晚，国足以 1∶0 战胜韩国队后，趁着全国都在普天同庆时，腾讯手机管家以"守得住，才能赢得稳""有实力无所惧"为文案，巧妙借势，并获得了无数点击率和转发量。

案例解析：

蹭热点文案的成功在于，能够成功借势并获得传播认知，其关键点在于：快速反应、精准策划、有效施行、强力监控。

腾讯手机管家的文案就是如此，再比如 2014 年"科比超过乔丹"这一新闻成为热门话题时，京东也曾推出一则文案："之所以会超越传奇，是因为成功者都在他人看不见的地方流下过无数辛劳的汗水。""我知道洛杉矶每一天凌晨四点的样子——科比·布莱恩特；我知道北京每一天凌晨四点的样子——京东配送小哥"

京东同样是贴切地借助于热点，塑造了一个像科比一样勤奋的"京东配送小哥"的角色，并给人留下了非常深刻的印象。

再比如海尔的官微曾发过一篇很好的借势文案，凭着"王健林：海尔砸冰箱才几个钱？海尔霸气回应"一则事件，海尔官微在微博上一夜爆红，几乎所有品牌官微都开始借势"海尔体"。

与文案手分享：

目前，借势凑热已经成为各大品牌的营销标配，但在做借势文案时我们还是要注意两个问题：一是要快，因为过了那个热点时间后，用户就不会再关注了，到时候再好的文案也是白搭；二是要巧妙，要将热点事件与自己推广的产品巧妙地结合起来。

那么，我们要如何才能写出成立的借势文案呢？以下几个方面可供大家参考：

一、关注热点事件

我们不仅要时时关注热点事件，还需要对事件进行分辨，毕竟不是什么都能拿过来当作文案素材的。

比如在 20 世纪 80 年代的美国，当时女权主义得以盛行，很多人都在讨论女性的地位应该与男性平等。而一家雪橇公司正在为滑雪场的销售而烦恼，因为雪橇的购买者只有寥寥无几的男性。之后，《文案训练手册》的作者约瑟夫·舒格曼给他们出了个主意，让他们在华尔街日报刊登一则新闻，表示"我们滑雪场的雪橇不卖给女性"，并说明合理原因。

这篇文章很快成为大家争议的焦点，然后随着女权运动的不断深入，该公司被众多女性所知，他们又宣布"我们尊重女性与男性的平等要求"。结果就是，那家滑雪场的雪橇得到了大量的销售订单。

当我们在融合热点与产品时，一定要深入了解产品的特性。就拿雪橇的例子来说，滑雪算是一项极限运动，尤其对女性来说，它的危险性是不容忽视的。但在广告文案完成后，购买雪橇成了解放和独立的象征，女性玩雪橇代表着她们与男性拥有同样的地位。

二、经常关联思考

关联思考，是一种思维方式的锻炼，在进行关联思考时，我们需要做到以下几点：

1. 找到共鸣感

所谓"共鸣"，顾名思义，就是让受众觉得，我们能说出她们想说却又表达不出来的东西。以至于让他们发出"对对对"的赞同声。这需要我们从用户的角度出发，找到他的痛点，才能进一步找到"共鸣感"。

2. 要有创意

所谓有创意的文案，它可能是幽默的、有设计感的、意料之外的等。但无论如何，它肯定是能够吸引人们为之惊叹的。这就需要我们在文案中要有自己独一无二的想法，并能与产品的特点有效地结合起来。

就像许多品牌在奥运期间，都会以运动精神为切入点，借力奥运会创作关联文案。比如海信的"世界看我表现"；安踏的"去打破"；361°的"用热爱赞助热爱"；长安翼搏的"铿锵玫瑰，放手一搏"；嘀嗒拼车的"里约奥运，就是要拼"……

三、哪里才能找到热点？

在互联网上，凡是人群集中的地方就会有大数据指数；在搜索集中的百度上，很容易找到百度风云榜和百度指数；在微媒体集中的微博上，有微博指数等。另外，像 UC 云观推出了"热词搜索"功能，知乎也推出了"知乎指数"等。这些都是能让我们更快掌握最新时讯热点的地方，可以帮助我们为传播、变现提前做好准备。

现在，微信指数也横空出世。它的推出基本上能够实现对关键词搜索热度趋势进行判断，而通过对于微信指数地运用，我们可以更好地抓住朋友圈热点话题，甚至可以进行品牌 PR 检测。

005　情怀，要谈，还要会玩

经典文案回放：账单日记

生命只是一连串孤立的片刻，靠着回忆和幻想，许多意义浮现了，然后消失，消失之后又再浮现。——普鲁斯特《追忆似水年华》

2004 年，毕业了，新开始。

支付宝最大支出是职业装，现在看起来真的很装。

2006 年，3 次相亲失败，3 次支付宝退款成功。

慢慢明白，恋爱跟酒量一样，都需要练习。

2009 年，12% 的支出是电影票，都是两张连号。

全年水电费有人代付。

2012 年，看到 12 笔手机支付账单，就知道忘带了 26 次钱包，点了 26 次深夜加班餐。

2013 年，数学 23 分的我，终于学会理财了，谢谢啊，余额宝。

2014 年 4 月 29 日，收到一笔情感转账，是他上交的第一个月生活费（包养你）。

每一份账单，都是你的日记。

十年，三亿人的账单算得清，美好的改变，算不清。

支付宝十年，知托付。

——支付宝 10 周年《账单日记》宣传片

案例解析：

下笔如有神很难，写一句好的文案更非易事。这不仅需要文案手具有长年累积的基础经验，还要有超高的情商，再凭借对人性各方面的领悟，以结合商业所需要的元素，从而创造出能够打动人，甚至能改变受众想法的文字。

就像支付宝 10 周年《账单日记》的宣传片，它的内容包含 10 年、成长、回忆等，主人公从初入社会的懵懂走过 10 年的时间，充满着浓浓的情怀味，让人忍不住回忆起那些令人印象深刻的场景。

比如可口可乐的"歌词瓶"，世界杯主题曲到毕业季应景歌；历时两年的锤子手机创始人罗永浩说的："在屡次被黑的道路上，更加爱这个世界；即使不被他人理解，也并不放弃产品。"各种文案用煽情的言论一边展现其个人情怀，一边让不少消费者买单。

与文案手分享：

什么是情怀？为产品和品牌注入情感，并以此建立起与众不同的差异化壁垒，就是情怀。而这种基于感情色彩的沟通内容，则是最容易触动用户的内心世界并引起共鸣的。所以，现在越来越多的人开始喜欢玩情怀。

那么，我们该如何才能写出满含情怀的文案呢？

一、把自己当成目标用户

好文案都是有针对性的，并且针对的范围一定要精准，不能没有具体标准。因此，目标用户应该是一群富有具体特点的人，最好能具体到这群人身上的性格、价值观、生活习惯、喜欢的衣食住行、吃喝玩乐等，必要的情况下，还需要能够精准到某一个富有典型代表的人。

通过洞察这个人的三观、精神世界等，了解他衣食住行中的细微习惯，逐渐对这个人的方方面面进行剖析。只有这样，才能找到目标用户真正的内心需求，然后投其所好，写出符合对方胃口的文案。

而文案手则可以把自己当成是这个具体的目标用户，想象着，如果是自己，会被什么样的文字打动，自己又会喜欢什么样的文案？如此，才能更好地打动消费者，写出具有情怀的文案内容。

二、有感情的文字，能从功能需求上升到情感需求

根据调查分析，功能需求类的文案总是容易被替代，情感需求则会越来越持久和专一。一篇只是干巴巴地讲述功能的文

案，很难打动消费者，所以，即便是必须讲功能的文案中，也需要结合情感进行述说。

另外，有情怀的文案，在文字中都富有强烈的感情，能够描述出真实而具体的情感和细节，并让情感从细节和文字中流露出来，而不是用所谓"高大上"的语言直接去描述和表达情感。

三、要产生深刻的沉浸感

有情怀的文案都能让人产生深刻的沉浸感。比如微信朋友圈中被广泛传播的 H5 应用，它之所以受到企业和品牌的青睐，很大程度上就是因为它的多媒体技术和互动技术所带来的华丽视觉效果。而在这些 H5 中，情景和文案也是它能够取胜的关键点。如下图所示：

因为 H5 能够同时使用音频、动态图片、文案、互动设置等技术，所以能有效带给人声色光影的综合享受，也更合适为用户打造出一种温暖感人的阅读氛围。在那种悠然舒缓的节奏

中，很容易触及人们心底最柔软的地方。

最后我们要注意一点，有情怀的好文案都来自于生活，同时也高于生活。需要文案手多看、多玩、多想、多写，才能创作出来。

006 让文案被更多人分享

经典文案回放："焕新大赏"

2016 年 3 月，女性时尚消费平台蘑菇街、美丽说及淘世界首次联合开展春季大促销。以"焕新大赏"为名，利用《西游记》《星战》《贞子》三部影片的故事桥段，推出了一系列脑洞大开的广告短片。

比如唐长老发现了西天取经的捷径，所以他不巴结菩萨，不依靠徒弟，只用一个手机 APP 就搞定众女妖精；《星战》中的天行者变成女儿身，经典台词"I'm your father"被换成了"I have a daughter"；还有贞子换上春装后开心狂奔的样子。

除了短片之外，官方还发布了配套系列海报，比如：

白骨精："妖精多了和尚明显不够用，想要（抓和尚）业务靠谱，还得换套新的试试！"

孙悟空："取了西经，可能还有东南北经，取经派网红也得换套新的试试！"

黑武士："孩子大了，我不能总黑着脸给（他）她丢面子，好爸爸需要换套新的试试！"

贞子："要见网（鬼）友伽椰子了，我可不能输，必须换套新的试试！"

天行者："想要战胜反派，还得出其不意，看我换套新的试试！"

——《别来这一套》系列广告文案

案例解析：

像"焕然一新"这种"恶搞"文案，属于是一种比较"玩火"的文案，这种文案玩得好，能赚得大量传播，但如果玩得不好，就很容易变成"自黑＋用户黑"。

比如海尔公司准备为海尔兄弟征集新形象时，曾发起了"大画海尔兄弟"活动，呼吁网友在指定网站上传作品。然后在很短的时间里，就有大量"恶搞"海尔兄弟的作品涌入网站，像土豪版、好基友版、肌肉美男版等。这样的活动走向虽然超出了海尔的预料，但确实对其品牌的年轻化起到了正面的引导作用。

恶搞类的文案一般都具备有趣、个性，以及有极强互动性的特征。更何况，广告推广的手段要与时俱进，并能潜入目标顾客的心智，才能达到沟通最大化的效果。所以，在可控的范围之内，这种文案对品牌的年轻化能够起到积极的作用。

比如子曾经曰："知之为知之，不知 Google 之"；比前任的心还冷 1°；笑掉了我一口假牙……每当看到这种恶搞文案，嘴角的笑神经总会不自觉的上扬。

与文案手分享：

根据专业人士的研究分析，想写出一篇好的恶搞型文案，我们可以从以下几个方面入手：

一、利用真实经历

被恶搞的笑点总是源于生活而高于生活，因此，在很多时候，只有真实发生的事情才是最好笑的。比如某个猪饲料的文案"世界上有两个地方，体重就是地位。一个在相扑场上，一个在猪圈里。"这种取材于真实生活的场景，会让人觉得有洞察感。

二、妙用双关语

"双关语"是一种利用文字、语言上的多义和谐音，从而给人造成一定的误解或似是而非的感觉，帮助文案形成幽默的氛围。

比如腾讯新闻·事实派的文案"十四我们绝不说成四十"，就是利用"十四四十"这个经典的绕口令与新闻事实的谐音，以达到强调尊重事实新闻态度的目的。这就是典型的双关语。

三、使用灾难效应

所谓"灾难效应"，就是有一些事情一旦发生后，结果会异常惨烈，但事情却突然出现了转折，让这件悲惨的事情不会发生了。然后人们就会本能地喘口气，并用一种"侥幸的笑"进行回应。

像这种情形，我们经常能在星爷的喜剧片里看到，比如电影中发生在星爷身上的各种各样小灾小难，越是奇葩，观众笑得越开心。

另外，这种幸灾乐祸式的幽默，杜蕾斯的文案中也会经常用到，而它所产生的喜剧效果也非常棒。比如"当父亲的代价：奶瓶费、保姆费、童车费、玩具费、童装费、奶粉费、尿不湿、学费、生活费、买车、买房、结婚……不当父亲的代价，仅为小杜杜。"

007　社交媒体文案新形象

经典文案回放：百事可乐表情包驾到

现在，很多国际大牌已经开始用表情包来作为推广营销的手段，并通过表情包来传递企业理念及产品信息。比如在百事可乐的一则广告文案中，就是以表情包为主，如下图所示：

案例解析:

21 世纪的人类,请问还有谁不知道表情包?在这个时代里,人们都秉承着"能发图就不打字"的优良传统,将表情包事业发展得如日中天,让它做到了"只有最流行没有更流行!"

其实很多人都不明白,不过是简单的图片而已,表情包怎么就火到了能"代字"的地步?究其原因,大概有以下几点:1. 年轻群体在自我表达方面有着截然不同的取向和习惯,所以对表情包这种活泼跳跃的表达方式有着较高的接受能力;2. 表情包有网感、画面感、互动性强、接受度高、易理解传播等巨大优势。

既然表情包有这么多优势,作为一个想要掌握更多年轻用户的文案手,怎么能没有自己的表情包图库呢?

更何况,这是一个娱乐至死的时代,也是一个网络比四肢更发达的时代。像"钻石恒久远,一颗永流传"这样的经典文案,在信息爆炸的环境下同样可能被人们所忽视,更何谈流传下来。

但表情包不同,像"尔康""金馆长""葛优躺"这些表情包,可能我们写一辈子文案也无法做到这样的传播量。事实也是如此,很多文案手写的文案都不如一个简单的表情包。这不是说人家写的文案不好,而是表情包更容易吸引大家的眼球,因为表情包有网感、画面感、易理解传播、互动性强等撒手锏。

所以，现在表情包不仅能让人们压抑又充沛的情感表达出口，更是应对繁杂世界的一种道具。

与文案手分享：

有句话说："任何东西只要存在就有价值，有价值的东西就能转化盈利。"对表情包来说同样如此。它现在已经从一种文化现象转变为一种产业，并且它的诸多方面都能体现其商业价值。我们可以具体来看一下：

一、网感

互联网时代，网络有独属于自己的语言风格，我们把它称为"网感"。表情包就是其中最有特色的语言风格，它随时都可能会蹦出来，然后活泼乱跳。

所以，现在很多公司对文案手招聘要求，网感好已经超过了文笔好的地位。因为文案本身就具有节约传播成本的目的，而通过网络传播的方式，则最有可能达到这一目的。

二、画面感

表情包就是通过动作和表情来传达信息，它本身就是一种画面，能够传递出一种动态的信息。另外，一个表情包并不会让我们增加多少阅历或见识，但作为一种休闲消遣，它绝对做得到。

因此，如果表情包没有画面感和可读性，那就不要用了。简单来说，我们所使用的表情包要么有料、要么就要有趣，否则就失去了它特有的意义。

三、易理解记忆

有人笑谈："如果鱼的记忆只有 7 秒，那它可能会记住一个表情包 10 秒钟。"这虽然是一句玩笑话，却直白地表达出表情包的特点，即它能传递一种情绪画面，其信息也很容易被人们镌刻在脑子里。

生活中有很多文案总是喜欢装高深莫测，结果说了半天，别人却什么也没明白。要知道，文案的原则是为了让人们记忆深刻，而记忆深刻的前提是要求人们必须对它有所理解，然后才能完成信息的传递。表情包就很好地完成了这一点要求。

四、互动性强

根据现象和数据分析，我们能够知道，表情包具有很强的互动性。有了表情包，即便是"话题终结者"，也能顺利和人交流。而这，很大程度上是因为表情包的幽默感。回想一下，我们看到的表情包有哪个是不搞笑的？即便不搞笑，也一定是"卖萌"的。

另外我们要记住一点，表情包大多数都是文案手做出来的。因此，要想做一个好文案，就要先把表情包"撂倒"，在此之前，要先向表情包学习，让自己的文案变得有网感、有画面感，并且可读性强。

008　玩转社群营销

经典文案回放：能"撩住"粉丝的文案

能"撩住"粉丝的文案，是决定广告互动、点击和转化的重要因素。这类文案的撰写，也是有方法的，具体如下图所示：

案例解析：

在上面这些营销文案中，文案手或者在文案中运用时间要素；或者点出地域名称；或者点出目标用户的年龄段；又或者使用"别人"字眼，让目标用户成为"我方"……

无论运用什么方法，都能给用户一定的安全感和可信赖感，让他们觉得这条信息就是对"我"说的，从而忍不住点击。而这类文案的撰写方法，就是"玩转"社群营销的必要条件。

想要让微信社群营销"转"起来，熟人推广是免不了的。所以，我们要善于结朋交友，让自己积累起丰富的人脉资源，它可以帮助我们寻找到潜在的客户和用户。

那我们要如何才能积累人脉呢？最简单的方法，就是在日常生活中学会"主动出击"，比如有意识地参加一些行业会议等，平时多和别人交换名片、互加微信等。

当把用户引入社群后，接下来要做的就是如何吸引新用户、把握老用户。简单来说，就是如何去"讨好"我们的用户。

首先，我们要看看后台的数据，通过这些数据来了解用户的男女比例、年龄、地域、哪类文章的点击率更高等。根据这些信息，我们可以调整自己的营销策略，并适当做出改变。

其次，所谓"讨好"其实就是投其所好。最简单的方法就是给用户送福利，比如"凡成功参与者，都将获得下载'秘密链接'""在指定日期刷新该链接即可获得方案礼包"等。

与文案手分享：

我们已经知道，那些能"撩住"粉丝的文案创作，是有一定撰写技巧的。但是具体该怎么做呢？下面就和大家分享三个方法：

一、第一人称比第三人称好

大多数人都只对与自己有关，或者是自己喜欢的事情有兴趣。因此，当我们不能保证能吸引粉丝眼球的时候，不妨采用第一人称。因为第一人称带有很强的主观感受，能够让粉丝产生身临其境的感受，所以当他们能代入"我"来阅读文案时，很容易就能发现产品对"我"的价值。

比如"努力不一定要回报，但至少可以把我和与我同样努力的人，联结在一起，这样我就遇到更好的人。""总不能把这个世界，拱手让给那些瞧不上我的笨蛋。""最痛苦的事不是失败，是我，本可以！"这三则关于正能量的海报文案内容，都是使用了第一人称。看完后确实能让人觉得信心满满，内心充满力量。

二、寻找落差感和惊喜感，打造情绪对比

落差很容易激起一个人的斗志，惊喜则能增加一个人的热情。如果这两者之间产生对比，就可以把粉丝的情绪从低落带到高涨。现在很多广告文案都会采用这种对比方法，利用前后完全不同的状态形成对比，带动粉丝的情绪，从而激发他们对产品的渴望。

比如曾有一个招聘广告，左半部分是找到工作前的落魄，右半部分则是找到工作后的精神抖擞。因为大家都希望未来的生活越来越，所以像这种落差和惊喜，能够轻松带动用户的情绪。

三、文案描述要贴近现实，增加代入感

一般情况下，有情绪的文案都具有很强的代入感。比如根据文案的描述，让消费者回到自己的某段经历或回忆中，从而产生相应的情绪。所以，文案手需要在文案中代入现实的生活场景，越贴近现实，粉丝就越容易感受到文案所传达的情绪。

总之，现在的文案形式越来越多，除了利用视觉冲击力强烈的图片来吸引粉丝的视线外，我们还要学会通过文字来调动粉丝的情绪，通过情绪让粉丝产生对产品或服务的认同，才能有效地促进粉丝对产品的购买欲望。

第 **7** 章 | 眼睛与心灵的距离，
深度剖析文案视觉化

001　让广告更具视觉冲力

经典文案回放：某酒精饮料广告

旭日东升，水中也倒映着一个太阳。

波涛荡漾，搅碎一片金波，写着酒名字的金色字体从水中冒出。

镜头逐渐拉远，一个巨大的金色酒杯摆在山海关的烽火台上，杯中是变小了的酒名字样。

远处是沐浴在朝阳中的大海，海水里跳动着一个初升的太阳，大酒杯里也闪动着一个红太阳，和酒名字样共同组成一幅宏大的画面。

一个身穿红色晚礼服的女人从烽火台上跃入大海，伴随着一个浑厚的男声："用大海的胸怀为你的生活融进太阳。"

案例解析：

广告文案是广告作品中的语言文字部分，它具有传达广告信息、表达广告创意、塑造品牌形象与企业形象、限定广告画面的内容。

而视觉是一个生理学词汇，它是指视觉神经支配下的感觉器官，接受外界一定范围内的外界刺激，再经过中枢神经相关部分加工与分析之后所获得的主观感觉。而所谓冲击力，则是带有冲击性的力量。

也正是因为这种视觉冲击力的存在，才能更好地吸引了人们的注意力。所以，一个成功的广告设计方案必须具有一定的视觉冲击力，而这，就需要我们在设计广告文案的过程中，必须考虑到冲击目标用户的视觉甚至是心灵上的冲击力。

另外，很多文案手都知道，强烈的视觉冲击力，是建立在能够有效增强广告设计的效果之上的。就像每个人都具有好奇和一探究竟的猎奇欲望，所以人们会给予不同于一般的事物更多地了解和关注。

比如在一大堆同类型的广告设计方案中，对那些一下就能吸引自己眼球的方案，总是会更加细致地阅读，而对其他缺乏个性的方案只会匆匆一扫而过。这种能让人更加细致地一探究竟的作用，其本身就具有视觉上的冲击力。

与文案手分享：

在文案设计中，这种带有冲击性的力量是建立在打破常规的、适度创新和研究欣赏心理的基础之上，所产生的一种内在的力。所以说，视觉冲击力就是用不同于一般的外界信息刺激视觉器官，从而给人们留下深刻而持久的撞击力。而这些，都是可以通过完美的广告设计构图来实现的。

那么，我们要如何有效提高广告文案中的视觉冲击力呢？

一、根据目标用户特征设计广告方案

这里的目标用户是指广告的服务对象，也就是该广告将针对的什么样的人群进行信息传输和宣传。一般情况下，目标用户的关注度与认可度，能够从根本上决定广告设计方案的成功与否，也将确定广告方案是否具有视觉冲击力以及视觉冲击力的大小。

比如在一款针对老年人用品的文案设计中，我们就要考虑到老年人群的视力、审美等方面的具体特征。在针对儿童群体的文案设计中，我们就需要注意孩子的心理特征。通过这种对目标人群特征的把握与运用，才能最大可能地设计出迎合目标用户特征的广告文案，其广告设计才能更具视觉冲击力。

二、根据具体目标设计适合的广告方案

每个广告的文案设计都是针对具体的产品或相关的项目进行的，这就表示我们在这个过程中必须考虑产品或项目的相关特性和目标，并对其进行具体的分析，然后才能设计出具有视觉冲击力的广告文案。

比如某产品的质量是它的最大亮点，那么视觉冲击力的建立，就应该从如何让该产品质量上的优点更突出、更能吸引人、更具视觉冲击力上展开分析与设计。像这种通过具体产品具体分析、具体项目、具体构架的思路所展开的设计方案，才有可能成为吸引目标用户的广告方案，使其更具视觉冲击力和震撼力，从而达到广告文案的宣传目的。

三、关注基本的构图法则

基本的构图法则有三分法、黄金交叉点、三角形构图等，而在这些规则之外，还可以运用几何造型所构成的稳定感；对比创作所形成的相互抗衡或呼应；延伸所带有的透视意味等。具体如下：

1. 几何造型式的构图法则

几何图形一直是稳定与均衡构图的好方法，比如在伊斯兰艺术中，其创作者就是摒弃了人物、动物等各种有形的装饰，只以花草形状和纯粹的三角形、四方形、圆形等几何形式不断重复混合拼贴，并以此构建出了令人赞叹的清真寺。

2. 对比式构图

对比式的构图能够营造出影像的动感和气氛。一般情况下，只要两件事物的外观、颜色、质感等方面具有分庭抗争的形式，都可以运用对比的方式来进行构图。

3. 用透视法创造延伸感

透视法是西方古典绘画中的一种备受重视的构图基础，因为在任何题材的布局中，我们都需要先考虑消失点的位置，才能进一步安排线条与色彩，从而在二维平面上创造出以假乱真的三维空间感，让整个构图产生自然诞生的感觉。

比如"垂直出血"的方式，就是让构图的主体"掐头去尾"，以形成上下延伸的感觉，让画面的上下两端因裁切而形成延伸感，让读者对主体的高度产生想象。另外，垂直出血还可以和其他构图技巧混搭，营造出不一样的视觉感受。

最后，每个项目给文案手的时间都是有限的，我们的核心重点在于弄清楚产品的功能核心和卖点，并把它们突显出来，最终让用户获得更为舒适的体验。杂乱无章的文案堆积，会让广告设计显得非常糟糕，甚至会让用户因为找不到自己想要的信息而马上流失，留下非常不好的印象。所以，我们需要加强对构图的重视，通过对构图的思考，让设计文案变得更有条理。

002 让阅读成为悦读

经典文案回放：各种纯文字海报

不少文案手创作出来的纯文字海报不仅不显单调，还能吸引用户的眼球，如下图所示：

1. 《少女哪吒》海报

2. 英文字母海报

3. 《快与慢》海报

案例解析：

我们在生活中看到的很多海报，都是文字和图形的结合体，里面图形化的设计总能吸引用户的眼球。但有些文案手却喜欢把文字设计成各式各样的图案，直接以文案为主题。虽说这类文案只是单纯的文字组合，却同样能让人眼前一亮，比如以上这些纯文字的海报。

除此之外，纯文字的编排，还能给用户带来很大的新奇感和直观感。比如在一则招聘广告中，文案手就是对"招聘"二字进行分解，表示公司的招聘要求是："没有一双勤勉能干的手，不要""没有一把犀利快意的刀，不要""没有一张能言善辩的口，不要""没有一双兼听八方的耳，不要""没有一种死心塌地的轴，不要""没有一颗虚怀如'亏'的心，不要。"如下图所示：

与文案手分享：

文字的编排，主要只为了合理地布局文案并有效突出产品重点。那么，文字的编排布局到底该如何运用呢？下面，我们就来具体了解一下：

一、文案的布局要合理

要想合理布局文案，就要先考虑版面的空间问题。一般空间的布局主要有三种，即中心分布、左右或上下分布、对角线分布。如下图所示：

其中，中心分布是一种最为稳妥、保险的排版。在这种排版方式中，文字是主要内容，也可以与图片相关联，具有方便阅读、画面稳定的效果。

上下、左右式的布局方式，是很多文案手经常会使用的分布形式。这种分布排列方式很容易平衡版式，在最终效果上，也能有效表示出内容与文案的区别对应。

对角线分布，则更具视觉冲击。这种布局方式不显呆板，文案一般在里面的作用都是辅助说明，画面的主体多为展示产品细节。

二、文案排版的妙招

优秀的排版总能让我们的文案更显档次，也更有逻辑性，易于让人接受。下面我们就说几个简单实用的排版小妙招：

1. 运用对比

运用对比，就是让文案本身的字体产生差异，以形成对比。比如文字的大小对比能突出主次；文字的粗细对比能产生视觉中心点；不同的字形对比能让文字变得更自由、活泼等。有了对比，才能让文案更有视觉冲击力。

2. 运用中英文结合

很多人都觉得用英文排版更好看。之所以会产生这效果，不仅是因为英文更显"高大上"，更因为英文字母的构成较为简单，能够灵活多变，具有很强的图形感。所以，我们在做文案排版的时候，不妨使用双语编排，尤其是在标题和重要段落上，这种方式能有效吸引读者的目光，并增强读者的阅读兴趣。

3. 添加修饰效果

通过给文案进行各种加、减、乘等形式的修饰，可以为单调的文字加上一些细腻的细节。比如在基础文案上添加一些元素，就能起到加强重点、平衡版式的作用；或者对文案的边缘进行裁剪，就能有效扩大空间感。如下图所示：

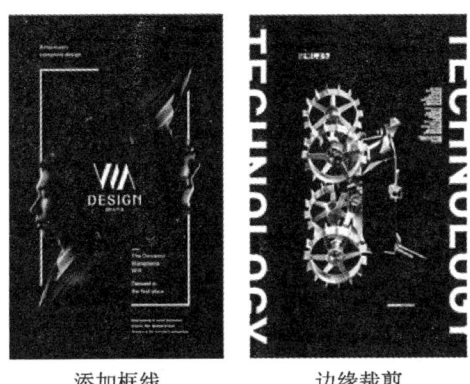

添加框线　　　　　　　边缘裁剪

除此之外，还可以使用文字的错落、叠加、交错等方式，让单板的文字变得更具空间感和灵活性。具体如何使用，还需我们自己领会。

003　提升广告作品的颜值

经典文案回放：百事少林功夫篇

这是一篇百事可乐的影视广告，整个故事情节围绕一个外国小男孩到少林寺习武的经历展开。经过千辛万苦后，小男孩长大成人，最终成为一名武林高手。然后在结尾处，文案手合理地把"百事可乐"融入故事中。

案例解析：

在《百事可乐功夫篇》中，文案手对色彩的应用合理自然，其中色彩的完美表达和经典的广告创意更显得相得益彰。比如这篇广告的基调是以红、黄、绿结合的暖色系，其中红色是朱红，绿色用青绿，广告的整体颜色并不艳丽，反而稍显暗淡。

广告中红色的墙、黄色的衣、绿色的山正是少林悠久文化的颜色，合理的表现出一种千年古刹的神秘之感。最后蓝色的百事可乐出现在画面中，在一片暖色的衬托下，冷色的百事可乐更加显眼、突出。

马克思曾说过："色彩的感觉是一般美感中最大众化的形式。"因此，在现代广告设计中，色彩是最重要的情感表达手段，它是帮助我们产生视觉冲击力和艺术感染力的重要因素。色彩不仅能在画面中起到均衡构图的作用，还具有传达不同色彩语言、释放不同色彩情感，从而起到让用户与广告画面进行良好沟通的作用。

根据专业人士调查研究表明，无论是有彩色还是无彩色，都有着独属于自己的表情特征。比如红色属于暖调，它拥有兴奋、幸运、忠诚、火热、洁净、感恩等特征；橙色属于暖调，它拥有自由、希望、光亮、乐于助人等特征；黄色属暖调，它拥有温暖、光明、富有、正义感等特征；绿色属冷调，它拥有健康、清新、生命、恩惠、盼望等特征；蓝色属冷调，它拥有悲伤、冷漠、忍耐、动感、活力等特征。

而每一种色相的纯度和明度发生变化，或处于不同的颜色搭配关系时，颜色的表情特征也会随之改变。不仅如此，根据美国有关报道，如果在报刊广告中增加一种颜色，就能比黑白广告增加 50% 的销售额，而全色广告则能比黑白广告高出 70% 的广告效益。

另外，科学家们经过研究发现，人的大脑神经对色彩的反应是最快的，好的色彩运用能够表现出不一样的视觉效果，进而能够带给人非常深刻的记忆。比如在面对一则广告画面时，最开始人类对色彩的感知是 80，对形状的感知只有 20；两分钟后，人们对色彩的感知为 60，对形状的感知则变为 40。因此，我们有理由相信，当我们观察物体时，最让我们敏感的是色彩。

与文案手分享：

在文案设计中，色彩的运用是非常重要的，它是决定产品能否成功的关键。下面我们就来具体看一下：

一、色彩对文案的重要作用

在我们的现实生活环境中，色彩占有了重要的组成部分，是我们生活中的重要一员。具体表现为：

1. 色彩具有感知作用

经过对色彩的感知研究，我们发现色彩与我们的文化、爱好等方面都有联系。简单来说，同一种颜色在不同的时间、地点、心情下所产生的感觉是不一样的。比如在夏天，大多数人在看见红色时都会觉得很烦躁，但在冬天却很少会这样。

2. 色彩对人心理有作用

色彩对人们的心理有着刺激作用，比如红色会让我们感觉情绪激动、血压升高；蓝色会让我们情绪安静、安详。再比如说很多人都会选择用一些鲜明的色彩来引导儿童的智力发展，而不会选择用黑色等沉重的颜色，因为那会让他们感到压抑。因此，文案手在产品设计中能否选择合适的色彩，对产品的推广宣传将起到重要作用。

3. 人对色彩的记忆

每个人对色彩的记忆，会由其个性、年龄，以及所处自然环境和社会背景等多种因素而形成较大差异。一般情况下，人们对暖色系的记忆要比冷灰色系强；对原色的记忆比调和色强；对明清色的记忆比暗色强；对华丽颜色的记忆比朴素颜色要强。

不仅如此，因为所处背景不同，人们对颜色的记忆也会发生很大的变化。比如暖色的纯色要比同色的高明度色彩记忆要高，冷色系的纯色则与同色高明度记忆效果大致相同。

总结来讲，就是色彩单纯、形象简单的文案设计，要比形态复杂的更容易记忆。我们只有对色彩的记忆进行一定了解，才能把它更好地运用在文案设计中，并让我们的文案给人留下深刻的记忆。

二、色彩的"感情"在文案中的运用

很多文案手都知道，色彩是有"温度"的，而在文案设计中，我们就要用这种色彩的温度感来表现产品与它相对应的"属性"。就像在食品广告中，我们一般都会选择暖色为基调，比如用橘黄色来表现面包，能够有效表现出面包的香甜可口、健康、纯天然等特征。试想一下，如果我们用冷色调，就难以取得这样的广告效果。下面我们就来看一下，色彩的这些"感情"在文案中的运用。

1. 色彩与产品的"价位"有关

如果我们想提高产品的价位和档次，就可以借助色彩的华丽来表现产品高贵的形象。比如红色所彰显的华丽感比较强，所以在金银首饰、高档化妆品、名表等产品中，很多文案手都会选择用红色来包装产品，以衬托出产品的高质量。

2. 色彩的明快感能使受众者更愉悦

人们在面对色彩明快的广告时，总会显得很快乐，从而会很容易喜欢它。反之，在广告中如果出现大面积暗淡的颜色，则会让人感到阴暗，并产生一定的负面情绪，进而对它产生反感。我们也可以利用这一点，尽量在产品文案设计中选择暖色、纯色、明色以及强烈并赋予调和的色调，让受众者获得更多的愉悦感。

3. 色彩能让读者产生兴趣

产品文案设计的画面一般都是以运用让人兴奋的色彩为主，比如红、黄等色，还有一些明度高、纯度高或对比度强烈的色彩，能够有效刺激读者的感官，起到使读者兴奋的效果，从而给人们留下深刻印象。比如电脑、数码相机、手机等科技产品的广告设计，几乎都是用冷色系，因为在冷静的色彩前提下，能够显示出科学的严密、可靠的性能，给人以质量的感觉。

总而言之，色彩在文案创作中具有重大意义，我们不仅要从色彩心理上认识色彩的重要性，还要注意色彩与色彩的组合在广告设计中所起到的作用。

004　为广告作品营造意境

经典文案回放：某中成药电视广告文案

一组极美的自然风光出现在画面中，草原、河流、大海、沙漠、山川……

画外音："我们生活在自然中。"

气象员在播报天气预报；植物学家在热带丛林中丈量植物的叶片；潜水员拿着水下摄像机在拍摄海底动物；动物学家把大猩猩送回大森林，猩猩转过头，眼底露出不舍的目光。

画外音："我们在关心着自然。"

烈日下人们在收割麦子；阳光中人们在沙滩上晒日光浴；森林里原木搭成的小木屋；北极的因纽特人把宽大的裘皮帽子带在头上；竹排在碧绿的江水中划过。

画外音："自然也在关心着我们。"

在一棵枝叶繁茂的大树下，一个小女孩在午休，有片树叶慢慢飘下来，越变越大，最后盖在小女孩的身上。

画外音："某某（中成药），精华大自然的关心。"

案例解析：

随着时代的发展，文案手在文字语言的基础上，又获得了一种全新的语言，即动态的、具有三维立体感和逼真视听效果的视听语言，和全新的蒙太奇思维。其中，视听语言基础就是广义的蒙太奇概念。

关于蒙太奇概念，从文化层面上讲，它是一种电影思维方式；从传播学的角度讲，它是电影的符号编码系统；从艺术形式上讲，它是电影的表现方法。这种应试艺术主要包括镜头、镜头的分切、镜头的组合以及声画关系四个方面。它的独特表现元素就是视听语言，而视频类广告文案正好是"视觉"和"听觉"相辅相成的艺术形式。

与文案手分享：

视听结合的广告文案主要表现在画面、声音、色彩等方面的维度。经过几次技术革命后，现在的视听艺术正处于蓬勃发展之中，变得更加数字化、小型化、家庭化，从而渗透或覆盖到整个社会生活和文化中，广泛而深刻地影响到人们的生活、语言、思维逻辑等。

一、"视觉"艺术

"视觉"艺术中主要包括摄像（构图、景别、角度、运动）和光线、色彩。具体如下：

1. 摄像

摄像元素是视听元素中最重要的先驱元素，它的构图就是指摄像画面中各个物体的配置。其中，构图的基本形式大致有四种，即"横长形构图"，比如拍摄草原、海洋、大地等；"S形构图"，比如爱森斯坦的影片《战舰波将军号》中的游行队伍；"三角形构图"，比如广告画面中叠放的酒杯；"布满式构图"，比如蔬菜市场中的水果、粮食、禽蛋等。

无论我们选择哪种构图，都要考虑将受众者引向画面中的趣味中心。因此，我们要学会将完美的构图形式与剧情表达有效地结合起来，让构图为剧情的表达服务。

景别是表现主体大小的形式，主要包括远景、全景、中景、近景和特写；拍摄角度是达到不同画面造型效果的手段之一，能够为视觉效果营造一定的环境氛围；运动摄像则是最重要的画面造型手段，可以通过摄像机的推、拉、摇、移、跟五种基本运动方式，创造出节奏、风格、意蕴等审美方面的重要手段。

2. 光线

光线是"视觉"造型的核心元素。比如在广告视频的视觉画面中，光线的表达都能够让我们从生理上的视觉，直观地转入形象思维的心理感应。比如在影片《菊豆》中，一开始对染坊的拍摄就运用了逆光、顺光相互交织的方式，表达出一种扑朔迷离、热气腾腾、生机无限的感觉。

3. 色彩

上一小节我们已经知道，色彩能带给人直观的审美感受。而在广告视频中，色彩的运用，不仅是一种语言和思想，还能表达文案的情感和节奏感。比如在百事可乐的广告中，大多都会采用蓝色基调，带给人一种青春、动感、鲜活的感受。

二、"听觉"艺术

"听觉"艺术主要包括人声、音响和音乐。具体如下：

1. 人声

人声视频广告中人物交流的主要手段，它包括台词、抽泣、咳嗽、笑声等声音。而一部好的广告视频都会有一些经典的对白或台词，比如在"益达口香糖"的广告视频中的对白文案：

A："嘿，你的益达。"

B："是你的益达。"

就给人们传达出一种甜甜的恋爱感觉，也让产品"关爱牙齿更关心你"的主题更加深刻。

2. 音响

音响是指通过音乐、声响的形式，刺激受众的听觉，渲染气氛，烘托广告主题的辅助工具，对广告的真实感和感染力具有加强的作用。在广告中，由于音响在传递信息或唤起情感方面都远不如画面、广告词等，所以经常会被忽略。

事实上，如果我们能准确恰当地运用音响，对于广告效果的作用是非常大的，一旦广告音响运用不当，则会影响整个广告的美感和完整性，甚至会干扰或分散观众对广告信息的注意力，从而使整个广告作品缺乏该有的生机和活力。

3. 音乐

音乐因为它自身极强的表现能力，所以在产品广告中实际意义并不明显，但它却可以配合一切其他艺术形式存在而不喧宾夺主，同时能带去更好的表现效果。许多视频广告的成功，都是因为它打了"音乐牌"，比如给奢侈品配上高贵的爵士乐，可以反映它的地位；或者给舒适的产品配上舒缓的古典乐，将更显产品的温暖。

最后，我们虽然把"视觉""听觉"分开来讲，但只有"视听结合"，才能为广告作品营造出我们想要的意境。更何况，视听基础是贯穿整个视频的元素，也是在视听广告创作中需要时刻考虑的元素。要想创造一部好的视听广告作品，就需要我们在每个画面、每段声音上精雕细琢，才能带给观众一场视听盛宴。

005　二维空间的视觉艺术

经典文案回放：大众远程控制系统

对很多人来说，泊车时间很麻烦的事情，但大众推出的远程控制系统让泊车变得很容易。其平面广告如下图所示：

案例解析：

在这组平面广告中，文案手旨在告诉人们，运用大众推出的远程控制系统，就像司机正在近距离地盯着停车的位置，避免因各种视线死角而导致汽车出现剐蹭等现象。这就是平面广告向我们传达的信息。

因此，平面广告的主要目的，是为了把信息通过视觉媒介向观众表现并传达，以获得观众的认可。在平面广告的设计领域当中，其视觉艺术会带给观众好奇、新鲜、独特的感受，从而让人们对广告宣传的产品做出下一步的了解和购买行为。

另外，一则平面广告的创意虽然对提高产品的关注度具有重要作用，但也需要有较强的视觉冲击力来吸引眼球，才能人们留下深刻的印象。

与文案手分享：

在平面广告设计中，影响视觉冲击力的重要构成要素有图形、色彩、文案三个方面，这些要素在产品广告中都担当着不可或缺的角色。同时，也正因为这些要素，才突显出每个广告设计作品自身所独有的特色，从而使其具有高低不一的商业价值。

下面，我们就来具体了解一下平面广告中的三个要素：

一、图形要素

图形是平面广告构成的主要要素，它能够形象地表现产品的主题和广告创意。与文字相比，图形显得更含蓄，也更有寓意，能有效将抽象的事物具体化、直觉化、多样化、新型化。

正因为如此，才让图形在视觉传达中具有优越性，使之带给人的视觉感受比其他任何传达形式更具识别性，也更能使受众者印象深刻。

二、色彩要素

色彩要素的存在，对视觉冲击力的产生起着非常重要的作用。因为每个颜色都代表着不同的特征，而不同的色彩在不同的人中，同样会有自己的理解。因此，在平面广告的设计中，如果能恰当、巧妙地组合打牌色彩，就能有效增强感官刺激，提升视觉传达效果。

比如原色的色彩单纯、热烈、鲜艳，其艺术效果和传播效果都比较好；或者可以利用色彩明亮度变化的方法形成由浅入深的过渡色视觉，以产生视觉动态感；又或者能够运用鲜明的补色搭配，给人以很强的视觉冲击效果。只要遵循色彩搭配的原则，做出让人记忆深刻的平面设计并不难。

三、文字要素

文字是一种最直观的表现，它具有引起注意、传达信息、说服对象的作用。因此，文字是平面广告中不可缺少的组成部分。更何况中国的汉字本身就是一门艺术，它既有象形性又有表意性，再加上现在很多人在传统汉字中引进新时代的元素，使文字更具风格特点，也更具可塑性。导致同样的文字，选择不一样的字体、字号，以及不同的编排方式，就产生了不一样的表达效果。

为了让平面广告中的文字在视觉传达中更具冲击力，我们可以这样做：

1. 字句要简洁明了

读广告语和看文章不同，想要让受众者在最短时间内看清并记住广告所要表达的信息，就需要我们能设计出非常简洁明了的字句。

2. 语言要生动有趣

人们天生会对新奇怪异的东西感兴趣，这就要求我们在编织语言的时候，要用有趣的字眼，再加上形象生动的字体形态，更容易获得受众者的关注。

3. 语言要客观真实

客观真实的语言是平面广告设计的必要前提条件，因此，不管我们使用什么修辞手法来装饰语言，都要求我们所要表达的意思是真实的，一件产品所拥有的价值也必须是真实有效的。

另外，在平面广告设计的领域当中，语言文字除了它本身所承载的内容之外，还能赋予人们无穷的情感和回忆。如果借助这样的方式将某种独特的审美形式传播出来，将会给人们带来特别的赏析美感。

006 复杂的视觉表现形式

经典文案回放：麦当劳广告

男人开车缓缓地驶进一家麦当劳汽车穿梭餐厅，但车驶过点餐窗口时却没有停下，男人把头伸出车窗对着点餐窗口声音不大但语速极快地说着："Hello，I can take the……"话还没说完车就已经驶出了点餐窗口。

身穿麦当劳员工制服的服务员只来得及对他说一句"Hello？"就看见男人开车离去。男人再次开车来到汽车穿梭餐厅入口，对着点餐窗口快速地说出自己需要的餐品。当服务员问他还需要点儿什么的时候，男人的车再次驶过窗口，服务员开窗向外张望，看到男人副驾驶座的安全座椅上躺着一个正在酣睡的婴儿。

服务员想了一下，然后迅速打开餐厅外的广播，向男人重复了一遍所点的餐品。当男人的车第三次驶到点餐窗口时，还是跟前两次一样，并叮嘱服务员尽量快一些。服务员快速配餐。当男人第四次驶到窗口前时，询问一共多少钱，但还没有得到回复，汽车又开远了，男人欲言又止。

服务员在纸上写下价钱，并把它递给前台服务员，指了一下正要经过餐厅正门的男人的车。然后收银机后面的服务员敏捷地翻过点餐台，举起写着价格的纸向开车驶过的男人示意。这一次，男人开车过来时，把一把硬币抛在取餐窗口的窗台上，并从服务员手中接过餐品，然后重新坐正握好方向盘。男人扬起微笑，把手伸出车窗，竖起大拇指，而车内的婴儿还在熟睡。

汽车离开麦当劳餐厅，画面消失，最后出现麦当劳的Logo。

——麦当劳广告之温情篇

案例解析：

广告不是产品、物品，它是在传递一种信息和观念，或者可以说是为了唤起观众的欲望和一种虚幻的满足感。因此，广告的创意就显得尤为重要，也是一则广告的灵魂所在。

像这则麦当劳的广告创意，重点就在于它具有很强的悬念性和暖人的温情。其中，它的温情不仅表现在父亲对孩子无限的关爱，也大大提升了人们对麦当劳的好感度，其效果比新品推出或打折降价的方式要好得多。更何况，这则广告还采用了电视广告的传播方式。

要知道，电视广告还具有广泛性、保存性、独占性、印象性等特点，让电视广告深受各类产品商家的喜爱。比如很多人在闲暇时间都会选择打开电视消遣，尤其是在晚饭过后，剩下时间基本都是通过看电视来打发。而只要看电视，广告就是不可避免的。

而人们在看电视节目时，一般都是寸步不离地坐在电视机面前。如果三心二意，很可能什么都做不好。这种独占性让电视广告的效果比报纸、广播等更加强烈。

再加上电视广告是一种透过视觉、听觉、动态来诉说的广告形式，所以人们可以清楚地看到产品的形象和广告演员的模样，让观众可以深程度地对产品做出评价，使广告具有很强的直观效果。

有些人觉得电视的画面并不具有保存性。但也有不少人认为，电视因为属于视听结合，能够给人强烈的感受，再加上每晚都会播，所以与报纸一样具有保存性，其保存性归于人们对它的印象。

与文案手分享：

电视广告是一种以电视为媒体的广告，属于一种电子广告的形式。它兼有视听效果，是一种运用语言、声音、文字、形象、动作、表演等综合手段进行信息传播的广告方式。因此，在撰写电视广告时，应注意以下写作要点：

一、确立主题的技巧

广告在向消费者推销产品时，就必须向人们提供有关这种产品的信息。这些信息并不是单一的，而是多方面的。但是，电视广告的时间很短，我们不能也没必要把所有的信息都介绍给消费者。因此，我们只能有选择地突出产品的某个方面，作为吸引消费者的"卖点"，而这个"卖点"，就是电视广告的主题。

一般像家电、建材、名牌服装等，经常会选择产品的质量为广告主题。通过对产品质量、售后服务等方面向消费者做出承诺和保证，可有效增强消费者的信任感，树立品牌形象。比如浙江好来西服饰有限公司的一则致歉广告文案：

我们曾向您承诺："凡购买 Holison 高级衬衣，如因正常穿洗，在领口、袖口洗破前出现起泡现象，可在全国任何城市好来西精品店无偿退换。好来西服饰有限公司同时赠送一件 Holison 服饰精品致歉。"

这虽然是一封致歉信，但该文案不仅没有损伤企业的形象，还为公司赢得了消费者的普遍好评，使好来西服装的销售量明显增加。

二、撰写广告词的技巧

电视广告的广告词，主要是为了弥补画面的不足，也就是用听觉来补充视觉不易传达的内容，以起到揭示和深化主题的作用，达到进一步强化品牌或信息内容的效果。它主要包括画外音解说、人物独白、人物之间的对话、歌曲、字幕等。文案手只需要根据产品和主题的需要，选择适合的方式即可。

而我们在撰写电视广告的广告词时，需要注意以下几点要求：

1. 人物的独白和对话重点在于"说"，所以要求文案手在撰写的时候，能体现出口头语言的特征，使其生活化、朴素、自然、流畅。

2. 在撰写旁白或画外音解说时，我们可以采用娓娓道来地叙说，或者是抒情味较浓重地朗诵，也可以选择逻辑严密、夹叙夹议的论理说道。这些方式能够有效起到补充产品信息的作用。

3. 一般情况下，以字幕形式出现的广告词，除了要体现出书面语言和文学语言的特征之外，还要附和电视画面的简洁、均衡、对仗、工整等构图原则，增加广告画面的视觉感。

4. 标语口号是电视广告的重点，要求文案手在撰写的时候要尽量简短，并具备容易记忆、流传、口语化、合辙押韵等特点。

三、广告内容的表现技巧

现在，电视广告的各种常规时段有 5 秒、10 秒、15 秒、30 秒、60 秒不等。因此，我们在选择文案的表现形式时，不仅要考虑广告的策略、信息内容、目标受众等，还要考虑广告的时段。

一般情况下，5秒时段的电视广告都是为了加深人们对产品信息的印象，所以大多会采用瞬间印象体的表现形式。比如"喝孔府宴酒，做天下文章""好空调，格力造""金利来，男人的世界"等。广告内容虽然一闪而过，却是用具有视觉冲击力的画面与简洁凝练的广告语相结合，有效表现出品牌的个性。

像10秒和15秒时段的电视广告，一般都是为了能在短时间内对产品的信息做单一且富有特色的传播，以突出企业形象、品牌个性，或者是产品独特的"卖点"。因此，我们在撰写这一时段的广告文案内容时，最好能使之适合名人推荐体、动画体、新闻体、悬念体、简单的生活场景体等表现形式。比如赵本山的"泻立停"广告，就曾由30秒的长广告片中剪辑过15秒的广告片。

30秒时段的电视广告，能够有效从多个角度表现产品的功能、利益点等。像"盖中盖"广告、"齐力洁"广告、"南方黑芝麻糊"广告等，都是30秒时段广告的代表。60秒时段的电视广告能够表现的内容更为丰富，很多文案手都会选择用广告歌曲、生活场景、消费者证言等较为完整的表现形式。

另外，电视广告所独具的蒙太奇思维和影视语言，决定着电视广告文案的写作既要遵循广告文案的一般规律，又必须掌握电视广告脚本创作的特殊规律。比如电视广告文案的写作，必须运用蒙太奇思维，使用镜头进行叙事。其语言要具有直观性、形象性，并容易转化为视觉形象。

最后，电视广告成功的基础和关键，是它的脚本必须写得生动、形象，以情感人，以情动人，具有艺术感染力。所以，我们在写电视广告文案时，应充分运用感性诉求方式，调动受众的参与意识，引导受众产生正面情感回应。

007 让文案和设计谈一次"恋爱"

经典文案回放：钻石恒久远，一颗永流传

1947 年，年轻的广告文案手佛朗西斯·格雷蒂，接到了一项极具挑战性的任务，即为戴·比尔斯撰写一句不仅能涵盖钻石各种物理特征，还能准确表达钻石蕴含深意的广告语。

为此，格雷蒂工作到深夜，却一无所获。正当她打算放弃的时候，脑海中突然灵光一闪，并在草稿纸上写下"A Diamond is Forever"（钻石恒久远，一颗永流传）。如下图所示：

后来，这句话不仅成为20世纪最具代表性的广告语，还将钻石带入了人们的视线。只要一提到钻石，人们便会想起这句经典广告语。

案例解析：

在"钻石恒久远，一颗永流传"这句广告语中，戴·比尔斯通过广告文案赋予了钻石特殊的爱情含义——永恒。

要知道，每个人都需要爱情，并渴望爱情的永恒。而在马洛斯需求层次理论中，有专业人士表示：安全是人的基本需求。人们因为对无法预测的未来没有安全感，所以就需要借助外物来慰藉内心的恐慌感。

而钻石是目前地球上发现的硬度最高的物质，并且非常稳定，更不会因为时间的推移而变质。这一特质正好符合人们对爱情的要求：坚固、稳定、永不褪色。因此，钻石就顺理成章地成为"永恒爱情"的象征。

但是，光有符合主题的文案是不够的，一定还需要设计的配合，才能让文案散发出更加感人的光芒。所以，文案与设计虽然属于两个不同的专业，但两者之间却有着密不可分的关系。设计就好像是一个人的外表，拥有美貌的人总能让人眼前一亮。文案则是广告的内涵和气质，能够使其拥有致命的吸引力。

文案和设计之间具有相辅相成的作用，如果没有好的设计，再美的文案所呈现的效果也是麻木的；如果没有文案的支撑，再美的设计作品也是空洞且华而不实的。所以，只有好文案加上好设计，才能实现 $1+1>2$ 的效果，成为优秀的广告。

与文案手分享：

在快速阅读的时代，文案手需要让自己创作出的文案极具视觉化，才能引起消费者的注意。但是，想要让文案和设计携手合作也并不是一件简单的事情，比如设计觉得"如今是看图时代，所以能用图就不该用文字。"文案则认为"无论什么时代都离不开文字，有图没文字等于空中楼阁。"如此，一言不合，"分手"就成了常有的事。那么，我们要如何才能让文案和设计谈场"不分手的恋爱"呢？

一、文案和设计要保持协调

在产品广告的创作过程中，文案和设计要保持协调和沟通，让设计能够充分理解文案所要表达的产品诉求，并内外结合，方能创作出令人耳目一新的广告。我们若是过分追求广告的创意，导致诉求点不明确，则会产生相反的效果。

比如有这样一则平面广告：画面左上角是品牌 Logo，画面左边的马桶上坐着一个女人，右边有一行英文，下面则标注了地址和电话。

熟悉这个品牌的用户看到这则广告后马上就能反应过来，知道这是一家卫浴用品的广告。但对于不熟悉这个品牌的人来说，面对这样一则广告画面，只会有一头雾水之感。"这是卖马桶吗？我并不需要！"

所以说，当一则广告太过追求创意，或者是广告的画面太过抽象，只会让消费者难于理解，广告的效果也就可想而知了。从而我们也就更容易理解：产品信息能否有效地传递，才是检验广告作品是否优秀的唯一标准。

由此也可以看出，文案和设计的协调性，对整个产品的推广将起着非常重要的作用。比如周鸿祎要做手机，在手机论坛还没有发布的时候，就有一组海报惊艳了众人的视线。如下图所示：

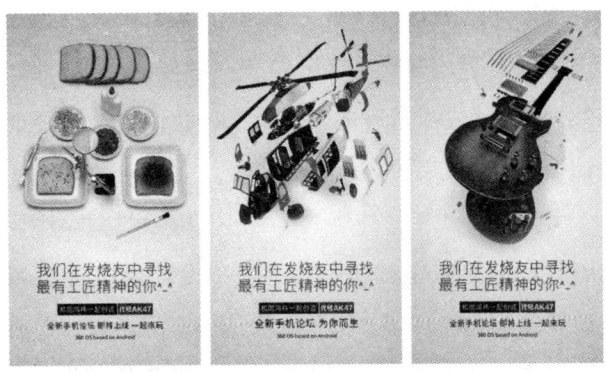

在这组海报中，文案只有一句，即"我们在发烧友中寻找最有工匠精神的你"。在那些被拆卸的零件中，我们看到了面包、无人机、吉他。有的人甚至会利用发散思维，直接把联想延伸到产品背后的智能硬件、智能领域等。无论如何联想，这组海报都成功引起了人们的兴趣，并让人们不断在脑海中进行加工，以产生联想。

试想一下，如果设计不够独特，文案手只是单一地强调"发烧友""工匠精神"这两个名词，肯定无法给人具体的感受。但如果只有设计没有文案，那人们估计会认为这是一个卖零件的。文案与设计之间相互协调的重要性，也由此突显出来。

二、要避免广告中的误区

很早以前，文案工作的范畴还包括用图片阐述产品信息。不少优秀的文案大师，都可以用一张没有文字的图来诠释整个广告作品。但是，并不是随便创作一幅好图当作产品广告，消费者就会买账。而文案手也不是艺术家，无法将自己的作品像画家一样卖出去。因此，我们在创作广告的时候，有些行为需要避免一下。

1. 避免文字在整幅广告作品中只是一个元素符号

有些文案手喜欢把文字当成设计的元素放到广告中，比如有些广告中的文字小到无法看清，或者将深颜色的文字放在同样深颜色的背景上，让人难以辨认。像这种情况，即便广告的设计极具创意，也只会给人一种"虽然我不知道你在说什么，但看起来很厉害的样子"的感觉。这就完全违背了广告的原则，无法达到产品信息传达的目的。

比如奥迪的安全气囊广告，如下图所示：

这则广告所要表达的内容非常丰富，总结起来，就是想让人避免因为车祸而进入地狱。而为了不破坏整体换面，文案

表现得非常简单含蓄。事实上，如果一眼看到这则广告，你真的知道它是做什么的吗？很明显，这只是一则凸显设计和创意的广告，而不是为了回应用户的需求。

2. 避免图片对产品信息没有帮助

当一则广告的图片很美，也极富创意，但对产品信息和文案的核心诉求却没有任何帮助时，就会让整个广告的版面产生混淆，直接导致版面浪费。

3. 避免因字体变形而影响阅读

字体变形是广告创作过程中经常会用到的方法，它可以有效增加文案的视觉效果。但我们要注意，字体变形千万不能影响阅读。我们要时刻谨记，文案的创作是为了产品或企业形象的宣传，而不是其他。

4. 避免让创作元素扰乱读者的视线

在广告的创作过程中，不少文案手都喜欢在这里加一根线条，那里放一个圆圈，以增加画面的美感和个性。如果从绘画的角度来看，这的确非常符合人们的审美要求，但如果是作为产品广告来看，却会在很大程度上扰乱读者的视线，抢走文字的风头，导致想要传达的信息没有主次之感。

总而言之，在一则优秀的产品广告中，文案如果是骨架，设计就是其血肉；文案如果是灵魂，广告就是其衣衫。好文案要将产品的诉求和用户的习惯等浓缩成经典语句；好设计需要将文案所要表达的内容，用完美的视觉呈现出来。所以，文案手需要文案、设计两手抓，方能创作出优秀的产品广告。

第 **8** 章 | 创意文案，
到底有没有套路

001 让人吐槽的文案就不是好文案吗

经典文案回放：脑白金文案

脑白金视频广告很短也很简单，一开始就是两个卡通老头、老太太一边跳舞一边唱："今年过年不收礼，收礼只收脑白金。"然后就是画外音："孝敬爸妈，脑白金。"

案例解析：

脑白金的广告词："今年过节不收礼，收礼只收脑白金。"是中国知名度最高的广告词之一，但很多广告人对它的评价却是："没有创意""恶俗""画面缺乏美感"……但是，依靠这样"低俗"的广告，脑白金的销售却取得了巨大的成功。

到 2008 年 11 月，中央一套的黄金广告时段，又出现了一则似曾相识的广告："送长辈，黄金酒"，其广告策略与脑白金一样，都是围绕礼品营销，并且都选择了使用"恶俗"的广告情节。然后，这款槽点满满的广告却让黄金酒突破了 7 个亿的销售额。

之后，很多文案手开始思考："那些让人吐槽的文案，难道就不是好文案吗？""一条广告的好坏该如何判断呢？"其实判断一条广告的好坏很简单，就是看它是否完成了工作单上的目标，即：建立新形象、告知新消息、提升销量等。

站在产品商家的角度来讲："如果我的商品能够有好的销量，给企业创造了品牌的影响力，便是好广告，反之不好。"站在用户的角度来讲："如果这个商品给我带来大的效用，便是好广告，反之不好。"由此可见，只有从双方的角度都出发的广告，才能真正被称为好广告。而这，就要求广告的文案既能体现企业品牌下创造的独特的商品特性，又能挖掘出用户的需求甚至是潜在需求。

比如当初优信二手车的一分钟广告，一经播出立刻获得骂声一片，"这是什么鬼，以为电视卡了，这可是3000万哎，一秒钟可是50万哎，就这么糊弄。"

事实上，优信二手车的这条广告是运用了一种被称为"鬼畜"的非主流形式。鬼畜是以抽搐节奏、快速重复来达到洗脑或增强喜感的音画表现方式。这种方式在B站等网站上比较受欢迎，大多属于网友的恶搞作品。

另外，像大家耳熟能详的恒源祥广告中那高同步、高循环的"羊羊羊"，再比如脑白金，虽然它不算正宗的鬼畜，但那种"魔性"的洗脑式营销，还是给人们留下了深刻的印象。

所以，优信二手车的广告片虽然被吐槽为"拍的史诗级的烂"，但这却正是他们想要的效果。据悉，在这条广告播出当晚，大家的微博及微信被相关吐槽刷屏，而优信网站的服务器也因为突增的访问量一度崩溃。之后，此次广告投放更是给优信带来了一段时间内的讨论量，以及APP下载量的领先优势。

所以，评价一则文案的好坏，主要看我们的产品出发点是什么，是想提高知名度，还是提高美誉度？是想叫好还是叫座？是想拉动销售还是提高关注？只要不偏离出发点，我们写出来的文案就能成为好文案。

与文案手分享：

上面我们已经知道，好文案就是不偏离产品出发点的文案，但是，要制作一个成功的广告，并不是一拍脑袋想个点子或表现形式就成。还需要我们先对产品进行分析、定位。例如"你这产品适合卖给谁？""以什么样的理由去打动消费者购买？"……当这些方向性的东西确定好之后，文案手创作出来的广告才会更加有效。

就拿脑白金的广告文案来说，它之所以取得成功，就是因为它前期定准了定位。从一开始，它的定位就是礼品，是"孝敬爸妈、送朋友、送长辈"的礼品！要成为礼品，它就必须要具备一定的、能用金钱衡量的价值，而且这个价值必须是收礼、送礼双方都能够认可的较为相近的价值。然后在这种价值以外，又让它具备了保健等有益的功能。

脑白金就是抓住了这一点，然后反复向人们灌输"我是一个中等价值的、有保健功能的礼品"的观念，所以一到需要给别人送礼品的时候，自然而然就会想起脑白金。所以，哪怕它的广告表现很"烂"，但同样能获得消费者的认可。

另外，脑白金的通路铺货也做得很好，几乎什么地方都有卖的，并且市场上可选择的同价位、高知名度的竞争产品也不多，在没有选择的情况下，脑白金就成了不错的选择。因此，脑白金的广告只能说是创意表现"烂"，但它的定位却奇准无比。

但似乎很多文案手并不重视这一点，总觉得广告就是把自己要说的信息反复、大规模地进行"广告轰炸"，觉得这样消费者就会"跟着广告走"，结果广告的钱没少花，效果却没出来。所以，文案手一定要注意一点：要做有效的广告，一定要先"做对"，然后才是要"做好"。

002　讲个不一样的故事

经典文案回放：全是洗衣粉惹的祸

一对年轻的日本夫妇来到南美某国旅游，当男子在经过机场的安检门时，报警器响了起来。他马上想到自己的衣袋里还装着几枚硬币，所以就一脸歉意地掏出这几枚硬币，让海关人员过目。

谁知，海关人员却顿时大惊失色。原来，这名男子手里除了那几枚硬币之外，还有一些可疑的白色粉末。然后海关人员一拥而上，并把他强行驾走了。

最后才知道，那些白色的粉状物并不是毒品，而是衣服在洗涤时还没有完全溶解的洗衣粉。可怜的男子大呼冤枉，而年轻的妻子更是痛哭流涕，深感自责。

——洗衣液广告

案例解析：

从文案的角度来讲，故事无疑是最好传播的内容。因为爱听故事是人的天性，人们也不会探究故事的真假，文案手只需要植入"题材"给人留下印象就够了。

而在一般情况下，有限改进型的产品会更适合"故事化"的文案，因为它打造产品差异化的方式，更多的是依靠产品为消费者带来的"情感获得"，而不是"功能获得"。再加上有限改进型产品的价格相对较低，消费者不会对此做过多或认真的考虑。简单来说，就是靠感觉购买。

所以，营销在很大程度上就是在讲故事，给产品增加附加值，让消费者愿意支付运营商规定的价格。

如果是从广告创意的层面来说，要打动人心莫过于用情至深。因此，只有那些带有冲击性、包蕴深邃内容、能够感动人心、新奇而又简单的故事广告，才是不一样的，才能打破消费者视觉上与心理上的"常态"，吸引更多人的眼球，抓住更多人的心。

与文案手分享：

故事的重要性不言而喻，也有很多书籍能教我们如何去讲一个故事，比如要构建故事的背景、触发、探索、意外、选择、高潮、逆转、解决等，但这些标准更像是对小说家的要求，相对于商业文案来说并不适合。因为商业文案没有小说的篇幅可以供我们挥洒，只能保留故事最吸引人的部分，这时，就需要文案手能讲一个不一样的故事。

一、身上带"刺"的故事不一样

不痛不痒的叫事实，尖锐扎心的才叫故事。我们来看下面两则文案：

A 文案："Lily，25 岁，健身 365 天，甩掉 20 公斤。"

B 文案："Lily，25 岁，2016 年体重 70 公斤，绰号'胖妞'；2017 年体重 50 公斤，人称'女神'。"

我们把两则文案进行比较后会发现，A 文案虽然同样具备故事的要素，但 B 文案却更具锐度，也更容易刺中用户的痛点，即"肥胖带来的人际交往的伤痛"。

所以，一个不一样的故事，一般都是"扎心"的。要想写出符合商业目的，且有故事感的文案，通常需要我们从中提取一两个惊喜点，保留住故事最吸引人的部分。比如我们经常使用的人性负面情绪，如自私、自恋、虚荣、嫉妒、自卑、贪婪、吝啬、虚伪等。

假如我们现在要为一款增高垫产品写文案，该如何去寻找产品和人性之间的关联呢？我们首先就要考虑一下，人们之所以会购买使用增高垫的原因是什么。比如："是想看起来更自信？""现在的身高比较矮？""身高还没有女朋友高？"……

然后就能挖掘出"扎心"的人心特点：自卑。但是，这种人性只能作为表象，并不适合当作本质呈现出来，那么未来更好地传达信息，我们就需要将"身高与自信"剥离开来，再讲一个富有正面情绪又不失个性的故事。

二、卸下"平庸"的故事不一样

在营销信息泛滥的今天，平庸的信息通常会被消费者眼都不眨地过滤掉，具有反差设定的故事则能引起他们的触动。因为文案中的反差能带给他们惊喜、萌感、泪点、新鲜感等，让故事变得妙趣横生。

比如日本东京电视台的一组介绍参选议员的文案，就因为使用了"反差人设"的方式火了，文案是这样的："有骨气却患有骨质疏松""创办了旅游杂志自己却弄丢旅行护照""倡导取消宠物安乐死但自家的宠物差点离家出走"……

这些文案通过严肃、宏大的背景设定的，却又用比较有"萌感"、生活化的方式来形成反差，让故事中的人物显得更加立体，虽然布满了槽点，却也更容易引发公众的讨论和传播。

三、能拨动用户心理共振的故事不一样

这世上故事的数量如恒河之沙，但它们几乎无一例外都是从为数不多的"原型"中演绎出来的。这一"原型理论"是由瑞典心理学家荣格提出的，他表示："它是一种记忆蕴藏，一种印迹或记忆痕迹，是某些不断发生的心理体验的沉淀。每一个原始意向中都有着人类精神和人类命运的一块碎片，有在我们祖先的历史中重复了无数次的快乐和悲哀的一点残余。"

就拿很多人人喜欢的韩剧来说，几乎所有韩剧的"原型"都是灰姑娘辛迪瑞拉的故事，但这种同样的套路却能反复不停地打动观众，轻易激起下到 13 岁、上到 73 岁女性观众的心理共振。这就是"原型"在故事中的重要性。

而拥有"原型"的故事之所以更容易打动用户，是因为它们可以激起用户心中原本就存在的情感经验沉淀。比如台湾 104 希望基金拍摄的创意短片"不怎么样的 25 岁，谁没有过"一样。短片中讲述了著名导演李安在 25 岁时，他的简历被各个企业高管痛批的故事，当时李安的简历被称断定为"HR 不会通过""第一瞬间就刷掉了"。当时没人能想到，他在多年后能两次获得了奥斯卡金像奖。

该短片曾一度引起了社会上的广泛讨论，究其根本原因，就是因为"他"的"原型"是一个逆袭故事，而这样的故事很容易引发用户的共鸣。

故事是一种聪明的包装，让文案显得更真实，也更有诚意。因此，当产品的营销信息披上故事的外衣，很容易就能获得走进用户内心的钥匙。当所讲述的文案故事有刺、不平庸，并能对"原型"进行有意识的利用时，我们就能让故事从干瘪走向丰满，向用户讲一个不一样的故事。

003　花样使用各种修辞手法

经典文案回放：一些使用了修辞手法的文案

1. 对偶：国事家事天下事，事事关心；书声歌声曲艺声，声声入耳——凯歌电视机

2. 排比：崭新的内容、加倍的趣味、乘数的效果——《十万个为什么》卡通影带广告

3. 比喻：酒味像白云一样纯正，质地像白云一样透明——白云啤酒

4. 回环：痛则不通，通则不痛——圃田追风透骨丸

5. 反复：金华火腿，辉煌八百秋；金华火腿，风韵独超群；金华火腿，名牌今胜昔；金华火腿，感君长相知——金华火腿

6. 串对：欲知世上丝纶美，且看庭前锦绣鲜——丝绸

7. 叠字：正宗椰树牌椰汁，白白嫩嫩——椰树牌椰汁

8. 顶真：饮水思源，源于自然——深圳浮士德矿泉水

9. 感叹：味道好极了——雀巢咖啡

10. 双关：格力空调，冷静的选择——格力空调

案例解析：

修辞，就是选择最恰当的语言形式来加强表达效果。广告文案的创作，更少不了对修辞手法的运用。因为消费者在接受广告时，总是漫不经心的，或者是在长期高密集的广告轰炸下逐步接受的。

在这种情况下，广告的投入和它的收益是无法形成正比的。甚至有时候广告商耗费大量财力创造出来的广告作品，得到了只是消费者的不屑一顾。归根究底，除了因为创意文案的平庸之外，文案的平铺直叙也使广告缺少了一定吸引力，又或者是因为对修辞手法的滥用，使文案显得牵强附会、信息失真。

那么，什么样的广告文案才能让人过目不忘、回味无穷呢？比如丰田汽车的"车到山前必有路，有路必有丰田车"；某款生发剂的"聪明不必绝顶"；某理发店的"虽然毫末技艺，却是顶上功夫"……

这些广告之所以能被人们津津乐道、相互传颂，很大一部分原因，就是因为广告中的文案非常出彩。而广告出彩的原因，则是因为文案手运用了适当的语言修辞手法。

与文案手分享：

在广告文案中，巧妙地运用修辞技巧可以增加广告文案的可读性、趣味性、形象性和感染力。同时还可以使广告文案更容易让受众者产生记忆和联想，从而更好地达到传播目的。

广告文案中常用的修辞手法有以下几种：

1. 比喻和排比

运用比喻和排比的修辞手法，能够让文案的内容更加形象、具体化，能够有效加强我们想要表达的意思，起到修饰主题内容、增强文案想象力的作用。

比如"四川凉山那朵最美丽的'花'"，这里的"花"就是在喻人，是指四川凉山区一名美丽的支教女教师；"篮球界的小皇帝——詹姆斯"，"小皇帝"就是指詹姆斯，称赞他拥有坦克般强壮的身体和全能的技术，在 NBA 里拥有所向披靡的球技。

还有些比喻的修辞手法乍一看过去，可能分不清，但真正优秀的文案手却能手到擒来。比如中华汽车的文案"世界上最重要的一部车是爸爸的肩膀"使用了暗喻；锤子手机的文案"漂亮得不像实力派"使用了反喻；某款结婚喜饼礼盒的文案"甜只留给言语，把爱喂养得像初恋"则是使用了饰喻。

排比式修辞的使用，大多是为了加强文案的语气。比如某文案标题"深圳房产涨价，广州房产涨价，东莞房产也涨价，这是为什么？"就是使用了排比句，它把房产涨价这种星火燎原的趋势夸张地描述出来，让人感同身受，想知道原因。再比如万科的"感谢冰峰，感谢风暴，感谢悬崖，感谢缺氧"，也是同样的道理。

2. 直接陈述

在标题中直接叙事的陈述内容，能够帮助我们把事情的前因后果简单朴实地说出来，一般比较适合新闻类的正式标题。比如"深圳公积金开始支持异地贷款""日本阿苏火山喷发，小镇被火山灰覆盖""泰国曼谷大暴雨致全城被淹，豪车均泡汤"……

3. 双关

杜蕾斯的营销文案总能使用双关语，把一些挑逗性的词语和产品介绍完美地结合起来，收获了一大批粉丝读者。比如"最快的男人并不是最好的，坚持到底才是真正强大的男人！"这是 2012 年奥运会时，刘翔腿伤复发，虽然跨栏摔倒却坚持走完全程，杜蕾斯特意发出的微博。乍一看，该标题显得合情合理又充满人文关怀，但关键人家是做避孕套的，愣是把简单的话写满了内涵。

再比如联想的"人类失去联想，世界将会怎样？"国泰世华银行的"人生 30 财开始。"以及 JEEP 汽车的"大众都走的路，再认真也成不了风格；人生匆匆奔驰而过，就别再苦苦追问我的消息；即使汗血宝马，也有激情褪去后的一点点倦。"都是对双关语的成功运用。

4. 疑问感叹

通过反问、疑问句抛出一个问题，再直接提出文案中需要解决的问题，这种情况下，读者都会下意识地反问自己："为什么呢？"然后就会点进去看看。比如："文案标题大盘点：怎样才能吸引读者的眼球？""胡文辉：赶走难民，你们就会更安全吗？""深圳房子开始限购了，你会去惠州买房子吗？"……

5. 自问自答

采用这种修辞手法的文案，一般都会包含原因和结果。像这种通过前面一句的反问，再引出后面要讨论的内容，更容易让读者明白我们想要表达的主题含义。比如："深圳房价无封顶？龙华新区的房价已过八万""要想投资怎么办？基金、股票、房地产""这样的吉他你想要吗？向兴对你娓娓道来"……

6. 对偶

将文案的主旨浓缩成整齐对称的句子，能够体现文案的严谨和内容的秀丽。比如才子男装的"煮酒论英雄，才子赢天下"，再比如"品书香一缕，读人生百味""一头白发，满山青葱""朋友最真，友情最贵"……

7. 对比

像"既然你已经没有办法，就把孩子交给我们吧""你的老师，没有告诉你的英语学习秘诀""当别人都在轻松背单词，而你却在艰难地啃单词，这对你来说，绝对是个严重的失策"……都是采用对比的方式来修饰文案主题，能够让读者对其产生一定的好奇心，想知道原因。

再比如黑桥牌香肠的"用好心肠做好香肠"；成都世贸地产的"故乡的骄子，不应是城市的游子"；万科的"踩惯了红地毯，会梦见石板路"……同样是运用了对比的广告语，一般用户听过、看过之后，都不会轻易忘记。

以上是文案中常用的几种修辞手法，如果我们能学会如何使用它们，相信我们的文案定能更加吸引人。

004　热点值得追，文案才有价值

经典文案回放：薛之谦、高鑫磊复合引发的品牌文案爆炸

1. 复合好，比复发好。——肛泰官方微博

2. 曾经，除了你我一无所有……如今我有家也有 Ta。他

们问我为什么还不换一个？因为多少次浅浅淡淡地转身，是旁人看不懂的情深……我不想再寻觅，余生，就一直用下去吧。——海尔

3. 爱一个人就是这样从 1 而终，歌都是为她唱的，购物车里的零食也都是为她买的。——1 号店

4. 在我一无所有的时候，遇见了你，愿余生有你相伴。不管你在我的方圆几里，世界就是你。——携程旅游网

5. 薛之谦复合了！上次看到同样的新闻是王菲的。不禁在想为何事隔几年，还是和当初一样依然没对象。平日里天天啃的鸭脖今天看着也没什么兴趣了。罢了罢了，给你们分点吧。——绝味鸭脖

6. 曾经那份爱放在冷冻室，现在把它拿出来放进冷藏室，为爱保鲜！好啊，那就再爱一次啊。——美菱冰箱

案例解析：

借势热点，可以说是文案手经常使用的方法。从上面这些文案中我们可以看出，明星名人之间的热点，不仅能引发人们的八卦之心，更能引起品牌文案的爆炸。

为此，有的文案手甚至会在某个热点出来之后，直接把产品的 Logo 或二维码生拉硬拽式地做一个集合，以达到"借势"的目的。一般情况下，我们把这种方法叫作"蹭热点"。比如范冰冰和李晨晒出一张"我们"合影后，不少做冷饮和制冷设备的都打出"冰冰有李""有李有范"等文案，期待获得用户的关注。

这种方法几乎所有人都能想到，但效果往往并不好。因为

很有可能会产生把热点衬托得更高，而自己的产品二维码直接沦为陪衬，甚至是"煤灰"的结果。

对文案手来说，追热点的最高境界，不仅能将自己的产品体现出来，还能够体现出产品背后的精神内核。哪怕是去掉这个热点，产品的广告也依然能够独立成为一个完整的作品。

比如可口可乐的"昵称瓶"营销，就属于追热点的最高境界。该文案借助的热点是"男神""女神""高富帅""白富美""小萝莉""表情帝""文艺青年"等网络流行词。所有在社交网络中生活的人看到这些昵称后，都会产生天然的亲切感，从而就喜欢在超市里买一瓶符合自己形象的昵称可乐，或者将它送给女朋友、好兄弟。每次挑选可乐的时候，都会增加很多乐趣和话题，可口可乐的销售也就自然而然地被带动起来。

与文案手分享：

现在追热点已经成了文案手的必备技能之一，追热点的手法更是层出不穷成。再加上现代社会中的热点每时每刻都在发生，稍晚一些可能就已经错过了热点借势的最佳时期。所以，文案手必须要快一点，再快一点，才能对这些热点做出最佳反应。在此之前，文案手要做的第一步，就是要学会判断一个热点是否值得追。具体判断方式如下：

一、判断事件的属性

判断一件热门事件的属性，主要是从事件的话题性和传播性中进行判断。

事件的话题性，主要是看用户是否能够参与话题、与用户的相关度是否够高，以及事件的后续是不是被人们所期待。比如当网友对一件事的态度呈现"一边倒"的状态，那这件事往往都不会太火，因为人们觉得这件事的发生是理所应当的。

决定一件事能否传播开的因素，一般都取决于它是不是有趣、是不是简单、是不是值得分享三个方面。像"世界那么大，我想去看看"的辞职信，就是一件非常有趣的事情。所以各大品牌就借"辞职信"写出了不少文案，比如德克士的"饿了，记得吃德克士"；宝驾租车的"风景不等人，租辆车慢慢逛"；世纪佳缘的"同意！找个男朋友，不要自己走"；享 Wi‐Fi 的"旅途那么长，有享 Wi‐Fi 更精彩"……

二、判断事件的时效性

事件的时效性是指该事件的热度会持续多久。比如某个名人开通了微博，热度基本只能持续几天；"双 11""双 12"这类购物节，一般都会提前一个星期就开始预热，当节日过去后，热度就会迅速减退；而像"iPhone 新手机发布"这样的事件，热度可能会延长至几个月都不过时。

一般来说，持续时间较长的事件，往往都具有时效性弱、有持续发酵的可能、话题性强的特点。我们要做的，就是对一件事的"持续时间"有一个正确的预期判断，以避免"文案刚做好，话题却已经冷掉了"这类情况发生。

三、判断事件的影响力

一个事件的影响力，往往能体现它的话题热度和行业相关度两个方面。其中，"话题热度"是指这件事在多大程度上刷了屏，比如微信转发 10 万以上、微博上热搜、B 站 100 万弹等。通过这样一个数据分析，我们就能知道该话题是已经达到了最高"热度"，还是正处于继续"预热"间。

这里我们需要注意一点：同一话题事件，如果发布在不同的平台上，也可能会产生不同程度的热度。这与事件的受众群体有着很大关系，因为一件事在你看来很有热点，但在别人眼中却未必如此。比如网络"发烧友"会因为 Papi 酱的广告拍出 2200 万的高价而疯狂，而我们的父母却有可能觉得白菜的价格比她更有吸引力。

所以，文案手一定要确保我们正在追的这个话题，是自己所在行业里的人关注并愿意讨论的。

四、判断事件的回报率

投入产出比是做任何事都要考虑的问题，在追热点运营中，投入产出比大多体现在成本、收益和风险上。

其中，成本主要包括三点，即：时间成本、物料成本和机会成本。比如说时间成本，文案手制作一张图、一篇软文、一个视频所花费的时间肯定是不一样的；比如说物料成本，文案的传播方式是线上还是线下，如果是线下，那像海报之类的制作、场地费用等都需要提前考虑；再比如说机会成本，当我们把现有资源投放到所追热点上，很可能导致其他事情无法实施，那就要先考虑这样做是否划算的问题。

收益分为显性收益和隐性收益两种。显示收益主要包括用户量的增长、销量的增加等；隐性收益则是用户对产品的好感度、市场上的知名度等。

风险主要来自公关危机，当一篇文案没有向用户传达正确的三观，发布后就可能会被网友"狂喷"，从而给品牌带来很大的伤害。比如"饿了么3·15事件"的文案，就属于典型的自杀型公关。此文案一出，简直造成了整个互联网圈的轰动，不少人惊呼"这是竞争对手派来的卧底吧！"

005 当别人都向左时，让你的文案向右

经典文案回放：想想还是小的好

"想想还是小的好"（Think Small）是大众甲壳虫汽车的广告文案，不论是爱车一族，还是广告文案爱好者，对这句广告语都不会陌生。其广告文案如下图所示：

案例解析：

据说，"Think Small"的提出并不是没有根据的。按照 20
世纪 60 年代的背景，当时人们认为汽车在很大程度上是身份、
财富以及地位的象征，所以底特律的汽车制造商们大都在强调
那种更长、更大、更流线型、更豪华美观的汽车设计。也正是
因为如此，甲壳虫轿车在打入美国市场时，选择以美国的工薪
阶层为自己的销售目标，迎合了普通工薪阶层的购车欲望。

所以说，"think small"是一条非常成功的广告语。更为重
要的是，它改变了当时人们对汽车的认识，让人们从奢华到经
济，开始理性对待个人空间与公共空间的关系。

而在提出"think small"的主张后，甲壳虫运用广告的力
量，改变了美国人的观念，让美国人认识到小型汽车的优点。
从此，大众的小型汽车就一直稳定在美国汽车市场的前端，直
到日本汽车进入美国市场。

到 1973 年，英国经济学家舒马赫出版了《小即是美》一
书，从此，"小即是美"更是成为一种现代哲学观念。比如
2009 年 10 月，马云就曾在《纽约时报》网络版的"观点"栏
目中发表了题为《小即是美》的署名文章。他表示：在金融
海啸的风声鹤唳之际，小企业才是新商业革命的主力军。而在
随后的一些发言中，马云也声称自己一直在想着该如何把阿里
巴巴"做小"，这些都代表了马云"小即是美"的思想。

由此可见，无论定位甲壳虫汽车广告的创始人威廉·伯恩
巴克或 BBD 的创意思想是什么，"Think Small"这个产品的广
告创意，就已经足以使其成为一个天才的创见与观点。比如广

告教父大卫·奥格威就曾喟然长叹："即使我活到 100 岁，也写不出这样的广告语。"

与文案手分享：

做文案的人大多都知道"甲壳虫文案系列"，那简直是可以被称为文案中的教科书。细心的文案手应该都能发现，甲壳虫每一期的文案，都能恰到好处地给人一种不得不购买的冲动。那这样的文案到底是怎么完成的呢？

一、图文并茂

一般情况下，一个产品要想留住消费者，不管是图片的设计排版，还是文字水平，都要体现出一定的专业性。其中，无论是图片设计还是文字，都能为文案本身起到画龙点睛、层层渗入人心的作用。甲壳虫每一期的广告几乎都有配图，这种宣传方式，也让它的功能、特点等更有说服力。

二、给文案赋予人性的品格

当我们赋予一个产品拟人化的词汇时，我们就给自己的文案赋予了生命。这种生命，是让一个品牌能变得长盛不衰的关键。比如当我们提到"年轻""激扬""疯狂"等词汇时，很容易就能联想到可乐和雪碧。这就是一个品牌的人性品格，当品牌具有了人性品格后，它就具有了生命力。

三、极致突显产品细节

在小马宋的《一本全是广告的书》中，有一段关于甲壳虫加装叶子板的文案："But we are continually making changes you can't see. Example：a new anti – sway bareliminates sway on curves. Over a hundred such changes since 1950."

它翻译过来是这样的："但是，在你看不到的地方，我们一直在做改进，例如加装了叶子板，消除了转弯时的摇晃。从1950年开始，类似的改变数以千计。"

从中我们不难理解一个细节，就是车在转弯时的摇晃，是可以被消除的，其关键就是车的零部件叶子板。这种在文案中突出细节的做法，能让读者更多地了解产品，进而使之更加信赖我们的品牌。

四、直接消费者痛点

甲壳虫汽车曾有一篇关于节约用水的文案："大众汽车使用空气冷却，根本不需要用水！"这则文案就是抓住了人们"过度用水"的问题，号召大家节约用水。与此同时，这样的文案内容不仅能帮助消费者解决问题，还能帮助品牌有效树立环保、正能量的形象。

所以，我们在撰写文案的时候，也要注意产品的细节，尽可能地将产品的优势拆分成更多的卖点，让产品在消费者眼中"活"起来。

006　用户体验创新

经典文案回放：三只松鼠双十二系列广告文案

系列广告一：

标题：鼠，来也

口号：主人，让小鼠为您服务

正文：主人，小松鼠在的呢

　　　　主人，这个是的恩

　　　　不客气的呢，么么哒主人

　　　　主人，双十二全场低至 2 折啦

系列广告二：

标题：要啥，就给啥

口号：只有你想不到的，没有我办不到的

正文：双十二，包裹除了坚果，不能吃的有哪些？

　　　　一个带有品牌卡通松鼠形象的包裹；

　　　　开箱器；快递小哥寄语；坚果包装袋；

　　　　封口夹；垃圾袋；传递品牌理念的微杂志；

　　　　卡通钥匙链小玩具；供你清洁的湿纸巾，

　　　　要啥您就说？

系列广告三：

标题：女票的世界

口号：完美世界，消遣必备

正文：女票们的相聚，唠着嗑，

　　　　总不够味。

　　　　酌点小饮，配点小果，

　　　　便是顶好的。

系列广告四：

标题：丈母娘的心

口号：懂她，就把我们送给她。

正文：你，懂老婆的心吗？

　　　　你，懂丈母娘的心吗？

懂老婆就要先懂丈母娘，

真懂她，就把我们送给她。

案例解析：

"三只松鼠"是 2012 年由安徽三只松鼠电子商务有限公司，强力推出的第一个互联网森林食品品牌，它代表着天然、新鲜以及非过度加工。在三只松鼠刚刚上线 65 天后，其销售在淘宝天猫坚果行业就跃居第一名。这样的发展速度，可谓创造了中国电子商务历史上的一个奇迹。

之所以会创造这样的奇迹，是因为三只松鼠更注重给用户的感知力。比如传统购物主要是靠物理接触，即眼见为实，其感知只有广告。而三只松鼠属于电商行业，消费者在收货之前全是感知接触，对产品的判断只能通过情感来决定，所以要先营造出一种好感，才能引发消费者再一次的购买。

而在营造好感方面，三只松鼠一改"亲"这类叫法，把消费者称为"主人"。这一称呼使消费者与产品之间的关系演变成主人和宠物的关系，让人能产生一种正在"Cosplay"的体验感。

这种文案方式，让选择下单的消费者更容易生出兴奋和期待感。而在消费者在等待包裹的过程中，三只松鼠还会在快递的短信通知上体现安抚细节，如"松鼠已经火急火燎地把主人的货发出来了"。

除此之外，三只松鼠还会通过微博和微信等途径与消费者进行沟通，询问他们需要哪些礼品。其创始人章燎原还表示，三只松鼠会开发更多有意思的赠品送给消费者。在他看来，如果企业能把一些"小"点做到极致化，那么企业的品牌价值也就出来了。三只松鼠的这些举动，对产品的二次销售和口碑传播都是至关重要的。

与文案手分享：

"三只松鼠"被人们称为电商坚果行业的"海底捞"，和海底捞一样，其成功的秘诀是：将用户体验做到极致，尤其是文案值得称道。下面我们就来看一下，三只松鼠是怎么服务用户的。

一、"主人"的称呼

"主人"是三只松鼠对消费者的称呼，它不仅用于客服和买家的沟通，关于"主人"的文案也几乎遍布整个店内。

比如购物节的宣传页面上："6·19 当天，前 100 名主人免单！""30 余款新品上市，成本价回馈主人！""主人，把我也抢走吧！"

比如产品的说明文案："主人，想知道松鼠的'无核白'为什么会这么好吗？跟随小酷（其中一只松鼠的名字）来一探究竟吧！"

再比如贴心的松鼠小贴士文案："和松鼠做个约定吧，为了更美丽，主人要记得每天吃 8 颗来自新疆的爱的葡萄干呦！"

除了三只松鼠的店铺页面文案之外，做得最极致的还是客服。在其淘宝店中，有 30 个客服妹妹变身为"松鼠"为"主人"服务，买家在购物时，一不小心就会被"萌到"，从而多买几包坚果。

二、考虑产品的用户体验

用户体验是互联网产品一直在强调的概念，其主要作用就是满足用户需求，让使用产品的过程变得更加简单、方便。比如页面中的按键如何设计外形？放在哪个位置更方便用户点击？按键上应使用标记还是文字？这都是做产品需要考虑的细节。

而文案手需要考虑的是：写什么？怎么写？才能让阅读的过程更加简单，更易于用户理解，也更促成用户的行动。

比如，社会学家霍华德·莱文瑟曾做过这样一组实验，他想知道自己有没有能力去说服一组耶鲁大学的学生去注射破伤风疫苗。

第一次试验时，他给学生分发了一本小册子，上面用夸张的语言解释了破伤风的危险性和打预防针的重要性，上面还配有非常恐怖的破伤风患者的照片。但在一个月后，仅有3%的学生去校医室注射了疫苗。

第二次实验时，莱文瑟在小册子上附了一张校园地图，并在校医大楼旁边列出了打预防针的具体时间安排。最终结果显示，去接受疫苗注射的学生比例上升了28%。

所以说，文案手要学会在文案中直接给出用户解决方案。不要和用户绕圈子，像"戳进去有神秘好礼相送"这类文案，用户在无法权衡行动时间成本和收益的情况下，很少有人会真的点击进去。所以，我们要将行动之后能看到什么、得到什么，直白、清晰地告诉用户。

比如我们要尽量避免文案中出现"拨打我们的电话""访问我们的网站和公众号"这样的话，而是应给出用户详细的指引，比如"点击文章末尾某某处，进入官网查看某某某""扫一扫某某图片，立刻获取某某信息"等。

三、文案必须指向产品

广告大师伯恩巴克曾教导："产品，产品，产品。"所以我们要时刻谨记：文案必须指向产品，如果我们试图先把文案写得引人入胜，在吸引读者的注意力之后再提产品，那读者很可能在他的兴趣消失后直接转身离去。所以，我们要把产品的信息融入每一句文案中，或者直接将他们合二为一。

比如2014年的支付宝"十年账单"文案：

20×年×月×日

注册了支付宝

我的一小步，人类的一大步

20×年×月×日

在淘宝的第一次

花了××元

人生之路，剁手起步

该文案一经问世就被广大用户刷屏了，之所以会如此，第一是为了晒这些俏皮又讨喜的文案，然后就是为了晒自己花了多少钱。这两点，都能轻易引发用户的分享欲望。所以说，当文案和产品融为一体时，由于读文案和使用产品是一回事，所以文案诉求和用户使用之间的"鸿沟"自然而然地消失了。

007 一眼难忘的车体文案有"套路"

经典文案回放：五个令人震惊的公交车体广告创意

1. 香港一款减肥产品的广告。

2. 香港智威汤逊的创意"错误的工作"。

3. 把汽车车轮巧妙化为滑板的轮子。

4. 国家地理频道为纪录片《鲨鱼》设计的广告创意。

5. 哥本哈根动物园投放的公交车广告。

案例解析：

在这个广告信息泛滥以及大众已经严重审美疲劳的时代，广告文案想要突出重围，只有依靠真正的创意才能成功吸引大众的目光。就像上面这些公交车体广告一样，如果每个广告都能用更具创意性的角度来诠释自己的产品，那我们的生活一定会更有趣，产品自然也更容易被人们记住。

作为一种户外广告形式，车体广告几乎是与公共交通的兴起同时出现，并以它的移动性、270度的展示性以及高性价比而深受广告主的追捧。传统的车体广告就是将车体当成印刷品，然后把纸上的图像完全"照搬"到车体上。后来很多人都发现，这种广告很容易忽视车体本身的形状和特征，甚至有时候会弄巧成拙，使广告起到相反的效果。

所以，新派的车体广告开始把车体当作"画板"，完全根据车辆的形态和特征进行定制化广告设计，从而涌现出了一批广告精品。

比如之前在北京、上海、深圳、成都等城市的大街上，很多人能够看到一些公交车的第二层伸出一只手，手上拿着手机正在看。远远看去非常危险，但马上又可以分辨出来，这些都是车体广告绘图，其目的是为了推广手机阅读神器"掌阅"。

试想一下，如果我们身边的公交车体广告都像这种广告一样创意满满，相信人们想记不住都难。

与文案手分享：

文案手都知道，由于车体设计本身的局限性非常大，所以上面的内容基本只能依靠车型和车体空位本身来安排设计空间，以合理组织版面并合理安排空位。再加上车体本身已经被车窗、车门、散热片等功能性设施占据了超过一半的空间，直接导致它能有效利用的空间成为车体设计成败的关键。

下面，我们就来看看在车体创意的设计过程中，究竟有哪些注意事项？

一、尽量放大主题

漂亮的第一眼是吸引众人眼球，并能带给人强烈视觉冲击力的关键，所以我们需要把主题尽可能地放大，否则后面的广告内容不会有人关心。大主题的位置，一般有两个选择，即车中部和尾部，并且不要过多占用玻璃的空间，这是为了避免人们在打开车窗的时候，把主题图片撕扯成碎片。

另外，除了特殊情况外，千万不要把文字作为设计的主体。因为文字，尤其是中国文字本身就能被分割成为若干正方形，一旦与公交车体配合后很容易使广告没有重点，形成乱哄哄的一片，从而让广告效果显得越来越糟。

二、要有统一的色调

为了避免凌乱，整个车体必须要有统一色调，可以是过渡色也可是大面积的单色。另外，最好能有一个贯穿整车的纹样或者图案，这种方式可以加强各元素之间的联系，把分布在车体各部位的零散内容串联起来，让它看起来更加整体。

三、要根据车体空位合理安排广告原色

想要依据车体空位合理安排元素，一般要尽量扩大图片所占空间，像车尾部这样的位置，由于有较大的通风口，会降低图片展示效果，所以安排文字的效果要好一些。总之，我们要仔细分析车体每个部分的功能和结构，以合理安排设计元素。

另外，还要适当地留白，很多时候留白可以让画面显得安静，能够给人思想的空间。要注意好接口位置，因为车身一般都不是标准的长方形，还有气孔、门把手之类的。像我们有时会看到有的车身广告人的面部刚好让把手把五官遮盖了，就可能造成广告不像广告的现象。

008 直言诉求的语录式文案

经典文案回放：好到让人错过站的地铁海报文案

1. 华为——我们想和这个时代谈一谈：

"坚持是这个时代的奢侈品，还是必需品？"

"浅思考的时代是制造热点重要，还是坚持真实重要？"

"全民都在奔跑的时代，我们何处安放心灵？"

"用 28 年来造好国货，还是去海外扫货？"

2. 豆瓣——我们的精神角落：

"最懂你的人，不一定认识你。"

"有人驱逐我，就会有人欢迎我。"

"曾循环最久的歌单，是妈妈的心跳。"

"你追求的，正是你不想再失去的。"

3. 万科（广州）——在你的城市你的城：

"广州，我总在加快我的速度，看到我的迟到，也要看到我的奔跑。"

"广州，我总在寻找自己方向，看到我的惊惶，也要看到我的坚强。"

案例解析：

20 世纪 50 年代，广告界大师罗瑟·瑞夫斯提出一个"USP 法则"，表示广告一定要提供独特的销售主张或"独特的卖点"。但是，很多产品却总是在广告实践中忘记了这个法则，恨不得在一个广告画面上把电话、地址、服务热线都放上，最后导致的结果就是，消费者看过一眼就忘了。

如今，某些地铁中那些语录式的广告，却逐渐开始遵循"USP 法则"，学会了单刀直入，只说产品最重要的利益点。比如案例中华为想和这个世界谈论的问题；豆瓣的精神角落；万科的心灵鸡汤等，都是用简洁的一句话为海报内容，却能给人极强的心灵震撼。

再比如前段时间有一则关于翻译官的广告，它就是利用各种各样的出国语言应用场景，然后紧紧围绕"107 种语言的随身翻译"的随身翻译专家的定位进行阐述，让人们一下就记住了这个出国神器。

与文案手分享：

地铁站的广告具有更新快、数量多等特点，对每天来去匆匆的上班族来说，他们印象中的地铁广告都是铺天盖地的促销、打折等，真正能记住的非常少。但是，也总有一些走心的、走情怀的或是走搞怪风格的地铁广告，在人们匆匆而过的时候，愿意为之放慢脚步，或品味，或是会心一笑。下面我们就来看看，那些能让人放慢脚步的地铁广告是如何被创作出来的？

一、广告内容要简洁

简洁至上是地铁广告的首要法则，其方法就是把简单信息重复说，并且还要说一些有调性的内容。所以我们看到的那些地铁上的广告，大多都是以文案为主，内容用直陈的表白和简洁的画风，没有爆炸眼球的图片，也没有过多的阐释，都是直奔主题，直言诉求。

另外，在如今这个内容营销的时代，只有做好内容，并给予用户想要的或感兴趣的内容，才能换取用户的关注度。比如知乎推出的地铁广告中，就是采用冷门知识加上趣味性的表述手法，塑造了自己高知社群的属性。像"赫本几岁拿最佳女主角奖？""海明威何时写下老人与海？"……

二、让用户创造广告内容

在产品推广的过程中，地铁广告一般都是遵循"从用户中来，到用户中去"的法则。简单来说，就是利用用户创造的内容进行产品二次传播。比如网易云音乐的地铁广告，就是直接将其乐评内容拿来传播，这些内容都来源于受众群体，这就相当于把"硬广"转成了大家更喜欢的"软广"，不仅能凸显产品特色，还能够借由用户对歌曲的回忆感动，将自己的产品植入到用户心中。

三、要起到社交扩散的作用

如今的广告已经不再是简单的广而告之，而是要给用户提供"社交货币"，也就是提供让用户能传播的内容，让其发挥出自我分享、自我传播的渠道扩散力量。这种传播扩散，才是在地铁广告最重要的价值。

009　创意文案不需要多么华丽

经典文案回放：刘翔耐克广告文案

该广告采用刘翔跨栏的画面，起跑时一直设置带有问号的定律："亚洲人肌肉爆发力不够？""亚洲人成不了世界短跑飞人?""亚洲人缺乏必胜的气势?"直到最后刘翔跑到了第一，画面打出"定律，是用来打破的，你能比你更快"和耐克的 Logo。

案例解析：

耐克的市场定位是青少年的运动品牌，而这则广告正是通过刘翔的事例，来强调耐克的精神"just do it"。其主题在于鼓励人们拼搏向上的生活方式，重点突出年轻人的自我意识。

因此，在这则广告中，耐克秉承其一贯作风，并没有在广告中加入过多的元素，而是充分展现出运动员的精神。它的诉求也很简单，就是运动。它没有描述自己的产品多么有吸引力，有个性却不张扬，给人一种平易近人、运动无处不在的感觉。

所以说，贴近生活、语言质朴才是文案创意的目标。它并不需要多么华丽的辞藻和优美的词句，也不需要语不惊人死不休，只要能说到用户的心里，就是经典。比如美国的征兵广告就只有简单的几个字"美国需要你"，但它却直指人心，极具震撼力。

与文案手分享：

生活中有许多约束文案创作的条条框框，就连创意也被局限在一定范围内，稍有不慎就会偏离主题。那么，文案手要如何打破平庸的茧，创作出打动人心的文案呢?

一、要准确反映产品特点

要想准确反映出产品的特点，就需要文案手对产品的内涵和企业文化进行更深入的挖掘，并对不同地域、层面的用户、文化及消费习惯有一定的了解。只有将产品的某种思想、理念、意义通过文案赋予产品，才能让广告更有价值。

二、要别出心裁，不落俗套

所谓"别出心裁，不落俗套"，就是要"新"。比如新角度、新信息等，都是文案创意的关键，能够有效体现出文案创意的新颖独特。这里我们要注意一点：创意思维可以天马行空，但必须要落到"实处"。

比如文案"在真正的白马王子出现之前，像王子一样好好保护她。"相信每个有女儿的父亲，在看到这句话的时候都会心头一震吧？文案中没有陈腔滥调，也没有煽情的文字，只用童话般简单天真的话，就把父女之间的感情表现得淋漓尽致。

三、要出"奇"不意

这里的"奇"，是指文案的创意要独到、奇特，乍一看有些离谱，仔细体会却又发现原来如此，做到"意料之外，情理之中"。比如台湾赖致良的文案"世界上有一种专门拆散亲子关系的怪物，叫作'长大'。"就是一则让人觉得"意料之外，情理之中"的文案，让人看一眼就能深深地印在心底。

四、要有趣

幽默语言是文案创意中经常会用到的方法，如果在产品本身就具备某种情趣的情况下，文案手只需要巧妙地运用幽默的文字，就能表现出产品的本质特点了。比如某文胸的广告文案："如果你想看到本文胸的神奇效果，请挤压杂志。"当读者看翻阅杂志时突然看到这样一则文案，多半都会开怀一笑，并把目光在上面多停留一会儿。

由此可见，优秀的文案并不需要出神入化地使用文案技巧堆砌，而是要选择适合用户的展现方式和传递的内容。只有制定正确的内容，才能让文案发挥出最大的价值。

第 **9** 章 | 回归营销，好的文案
　　　　　是吸引消费者忍不住下单

001 市场研究让广告文案成功一半

经典文案回放：哪个白痴换了芝华士的酒瓶

在"哪个白痴换了芝华士的酒瓶"这则文案中，芝华士暗示自己就是这个"白痴"。据说，当初是否要在广告语中使用"白痴"一词，曾一度引起了广泛讨论。最后，"勇敢做自己"的芝华士决定延续自己的品牌文化，继续"勇敢"下去。

然后，芝华士又用长文案解释了"换酒瓶"这一改变的缘由，是因为当时美国的饮料颜色开始从深色走向淡色，而芝华士正好敏锐地抓住了这一潮流。而这，正好戳中了当时用户心中的点，使该文案快速获得了人们的关注。

案例解析：

在信息量暴增的今天，互联网、杂志、电视、报纸，甚至是个人邮箱里，都是各种各样的广告在竞逐大众的注意力。在这种背景下，想让一条广告脱颖而出，犹如登天之难。所以，有很多抓不住消费者的广告，最后只能悄无声息地淹没在残酷的广告战场中。如果想要在这场混战中获得胜利，就需要我们的广告文案必须有极强的销售力度。

正如扬雅广告公司的创始人雷蒙·罗比凯所说的："广告的目标就是卖产品，没有其他借口可说。"这就要求文案手不仅要懂得用清楚简单的文字来表达，还要写出能够说服读者愿意购买产品的文案。

对此，文案手就得绞尽脑汁、用标新立异来吸引消费者，或者用华丽夸张的词汇来描述文案内容。无论如何，我们要始终记住一点：广告的目的不是要讨好、娱乐观众或赢得广告大奖，而是要把产品卖出去。

与文案手分享：

为了让我们的产品文案具有极强的销售力度，我们需要具体了解一下，有哪些方法可以帮助我们尽快熟悉产品和市场，吸引消费者忍不住下单。

一、学会为广告文案做准备

当文案手要为已经问世的产品或服务创作广告文案时，就要先针对它做许多准备，比如与产品相关的旧广告样张、宣传册、年度报告、商品目录广告页、相关文章、技术文件、市场研究、广告企划等。

另外，我们还需要从网络上尽可能多地找到相关产品的信息，以及花一些时间去阅读客户的网站或那些跟产品有关的网页。

当我们研究过产品的背景资料后，基本就可以搜集到90% 撰写文案所需要的素材了。最后 10% 的素材准备，文案手可以通过简短的产品会谈等方式获得。

二、学会提出与产品相关的问题

对产品有一个基本的了解之后，文案手就可以根据自己的习惯列出一些与产品相关的问题。如"产品的特色跟功效是什么？""哪一项功效最为重要？""产品在哪些方面有别于竞争对手？""产品与哪些科技抗衡？""产品可以为市场解决哪些问题？""产品的实用效果如何？"……这些问题可以帮助我们获取更多有利于文案撰写的信息。

三、学会提出与受众者有关的问题

除了要学会提问与产品有关的问题之外，文案手还要知道产品与受众者有关的问题。比如"谁会买这项产品？""这项产品究竟可以提供哪些好处？""为什么他们需要这项产品？""消费者购买这类产品时，他们主要的考量是什么？（价格、性能、耐久、服务、维修、质量、效率、购买便利）"……

只有清楚这些问题，文案手才能更精准地对产品受众者进行定位，撰写出更合适市场销售的产品文案。

四、确定文案的目的

文案手撰写文案的目的一般有这几点："筛选潜在顾客""鼓励销售对象购买""鼓励销售对象主动询问""回答销售对象的问题""传达新消息或产品情报""建立品牌认同与偏好"等。

为此，文案手在撰写文案之前，一定要先仔细研究产品的特色、功效、过去的表现、应用及主攻市场等方面的信息。然后才能写出具有销售潜力的文案内容。

总而言之，在市场调查工作中，我们一定要带有目的性，才能准确指出市场调查的具体要求，并将其逐一明确。当然，调查的目的可能会产生多层次变化，这就需要我们将其具体细化，一一罗列出来，这样才能时刻提醒我们注意观察，并对问题引起足够的重视。归根究底，其主要目的就是通过市场调查反馈的信息，创造出更受大众欢迎的产品文案。

002　卖产品不如卖故事

经典文案回放：真爱至上"石头记"

作为著名的玉石品牌，"石头记"借名著《红楼梦》里那段世俗缠绵、儿女情长的故事，让其品牌极具色彩。它的名字本身也具有非常浓厚的中国传统文化的韵味，因此深得消费者的喜欢。

如今，一提起买玉器、买首饰，很多人会联想到"石头记"。这就要归功于它把爱情作为自身品牌的永恒主题，凭借"世上仅此一件，今生与你结缘"这句浪漫唯美的广告语，不仅说明了"石头记"所代表的含义，还体现出它本身设计独特，以及不拘一格的特色。

同时还迎合了大部分年轻人追求独特的消费心理，使其成为男女之间互赠的定情信物。它本身所具有的鲜明的产品个性，也给人留下了良好的品牌印象。

案例解析：

"石头记"品牌之所以会不断攀升，全都源于那个"在大观园里，一群女人和几个男人怎么也理不清的故事"。它产品的热卖和不胫而走的口碑，则归功于那一个个若有若无的小故事。

比如"石头记"的一款"清秀佳人"，就是在彰显纯洁与青春的同时，还能轻易让人想象到一个窈窕女子在湖边采莲的身影，其清新脱俗的外表与满池的莲花交相辉映，叫人沉醉其中；一款"富贵人生"，则是在透露成熟与自信的同时，还好像是雄姿英发的商人奔波于尘世，却又从容淡定。

那些五彩斑斓的饰品虽是由石头制成，却又好像包罗了千万年间的无数故事，怎么讲也讲不完。

其实，每一个品牌和产品的背后都有故事，就看我们是不是愿意去发现和挖掘。有了故事，就有了经历，无形中我们就有了资本，就能够提升影响力。当然，这里所谓的"有故事的人"，并不单单指你我他这样的自然人，还可以是一个组织，或者是一个产品。

另外，很多人都知道，无论是上门推销，还是客户走进店面后再向客户推销，客户在购买时都需要经过"引起注意、激发兴趣、展开联想、比较权衡、产生信任、采取行动和满足需求"等一系列心理历程。在整个过程中，讲故事就是最好的营销方式。

我们来看下面这则营销故事：

美国作家罗博·沃克和约书亚·格伦在 2009 年做了一个实验：他们采购了一批价格非常低廉的小装饰品，就是那种在最普通的杂货铺里都会看到的小饰品。然后他们又邀请了 97 位有创意的作家，分别为这些小饰品附上故事，并放在 eBay

上拍卖。结果他们获得了意想不到的成功。

那些在杂货铺总价只需要 128.74 美元的小饰品，在 eBay 上卖出了 3612.51 美元的价格，他们获得了 2806% 的回报率。后来，他们又多次重复这样的实验，并把收益全部捐给慈善机构，同样大获成功。到 2012 年，他们把这些饰品故事编成一本书，这本书也获得了大卖。

由此可见，"故事"确实在产品销售中有着非常重要的作用。并且，讲故事不仅可以帮助客户插上想象的翅膀，还可以使传达给客户的信息变得有趣，给客户留下深刻的印象，使其在快乐中接受信息，并对产品产生浓厚的兴趣。

也就是说，如果我们能在客户心中留下深刻、清晰的印象，我们的产品就能获得真正意义上的优势。毕竟不喜欢广告的人很多，但几乎没有人会不喜欢故事。故事不仅能分享，还可以加工，更会随着讲述者与倾听者的变化而不断演变。比如"褚橙"卖的不是水果，而是褚时健的励志故事。

与文案手分享：

一般情况下，有情节、有乐趣的故事，往往更容易为听者提供足够的想象空间。对于故事，我们从来都不会缺少素材。任何一家企业、一款产品，都有它或有趣，或迷人，或引人深思的话题，我们要做的，就是把这些话题梳理一下，就能撰写出自己想要的品牌故事、企业故事、产品故事、服务故事等。

那么，什么样的故事才能成为成功销售产品的故事呢？

一、产品信息类故事

这类故事并不是要求我们去介绍产品的类别、款式、功能等信息，而是将这些信息都融入产品故事中。比如我们可以找大众所喜欢的明星偶像来讲一个故事，以暗示目标用户："我用的是某品牌的产品，爱屋及乌哦。"

二、介绍性故事

这类故事中要包含"你是谁？""为什么来见客户？""你能帮助客户做些什么？"……以此来介绍产品的基本信息。

比如我们可以通过自问自答的方式，把用户可能会问到的问题自己问出来再自己回答。当然，我们最好能找专业的词语回答，但也不要太过术语化，要让用户听得懂才行。故事的最后可以再来个承诺，有的消费者很谨慎，最后的"无风险承诺"可能会让对方下决心购买。

三、引人注意的故事

一般像企业创业史、产品开发故事、感人故事、励志故事等，都能让客户对产品感兴趣，并引导他们继续听我们说下去。比如下面这个故事：

美国联邦航空管理局批准亿万富豪杰恩所创办的"月球快车"公司，可以在 2017 年发射无人探测器登月，以探索月球上可能存在的稀有金属铂及其他可供地球使用的稀土、矿物或气体。

杰恩是一名美籍印度人，他非常喜欢收集各种太空陨石，家里更是收藏了价值上千万美金的各种天空陨石，据估计，全世界博物馆的太空陨石都没有他多。不仅如此，他收集的陨石或者材质独特，或者含有珍贵的金属，或者形状特别，总之都是独一无二的。

但是，在他的私人陨石收藏馆里，他却把一块非常普通的陨石展示在非常好的位置，而且这块陨石还是他用高价买回来的。

很多人都好奇他的做法，其实原因很简单，因为这块普通陨石背后有个不同寻常的故事：它是人类历史上第一次在掉落时打伤了一个妇女的陨石。因为有故事，所以即便这块陨石再普通，也让它变得特别起来，所以他选择了高价收购。

而每次杰恩给别人展示这块陨石的时候，都会讲当初那名被陨石砸中的妇女是如何痛苦，然后他如何有爱心，用几十万美金买下这块毫不起眼的陨石，最后让那名妇女得到了很好的治疗，还让她的儿子也有钱上了大学。人们也被他说的故事所感动，然后都会多看几眼这块普通的陨石。

四、克服担心的故事

这类故事可以告诉目标用户，其他客户也有过类似的担心，但通过怎样的一个过程，让客户对这款产品非常有信心，来化解他们的担心。

比如："之前我们服务过一位女士，她的皮肤和您一样，也非常敏感，轻易不敢试用化妆品。后来她看到我们的商品所标示的'无添加成分'，十分感兴趣，就鼓足勇气试了一下，还真没问题。"

五、自我陶醉故事

这类故事主要是向客户讲述对企业、产品和团队的自豪感、归属感等。比如："我觉得您的容貌与某某主持人有些相似，真的，你看，她是我们这款产品的使用者和形象代言人。如果您有兴趣的话，不妨再看看我们宣传折页，上面很多社会知名女性都是我们的忠实客户，而且她们也愿意站出来为我们的商品代言。我觉得您气质十分高贵，选择跟她们一样，才能配得上您。"

除此之外，还有家庭故事、安全故事、金钱的故事等类型。家庭故事是为了告诉客户，这款产品能使他们的家庭幸福；安全故事能够表明我们的产品能确保人身安全、经济安全，或者能够使人心平气和等；金钱的故事可以让客户知道，我们的产品能为他们省钱或赚钱，比如能有效提高效率、降低消耗、提高产量或提升质量等。

所以说，如果我们有自己的故事，就表示我们拥有了能够快速获得口碑的基础，如果没有自己的故事，却有一款好的产品，那就更应该给产品赋予一则动人的故事。

003 找到产品的卖点

经典文案回放：宝洁公司的 SWOT 分析

保洁公司 1988 年成立于广州，其产品品牌主要包括美容美发、家庭健康用品、居家护理、剃须刀等。经过 SWOT 分析，宝洁得出了这些结论：

S——优势：多品牌的策略，使公司在客户心中树立起了实力雄厚的形象。其独特的品牌和广告创意给每个品牌都赋予了一个概念，它以普通家庭主妇为诉求对象的示范式无间断电视广告，与报纸、杂志等其他多种广告形式并发，形成显著效果。此外，它还具有形变能力强，销售运作模式内外兼并立体化，技术研发的稳定性较高等特点。

W——劣势：低端商品和低端技术的行业属性，使宝洁的品牌精神很快失去"独特性"，表现出创新的单调和乏力。不仅如此，多品牌的战略在提高总体市场占有率的同时，也增加了广告宣传的费用，造成营销资源分散，对企业经营管理水平和人员素质的要求比较高。

O——机会：由于农村市场较大，所以宝洁开始猛攻农村市场，它的香皂、洗衣粉、牙膏牙刷等产品的价格都非常适合农村地区。再加上宝洁旗下产品众多，但它在品牌的宣传中却从不高调，比如宝洁的SK－Ⅱ被爆"违背门"后，很多用户都没有将SK－Ⅱ和宝洁联系在一起。另外，宝洁还有良好的社会公众形象，在互联网日益扩大的今天，其信息传播渠道也将逐步扩大。

T——威胁：宝洁的SK－Ⅱ事件使其遭受了重创，并使各界对宝洁集团的危机管理体制提出了质疑。再加上本土企业对其的冲击力度也比较大，主要竞争者的不断扩张，使宝洁在市场上的占有率逐渐变小。

案例解析：

SWOT分析法又被称为态势分析法，由20世纪80年代旧金山大学的管理学教授提出，这是一种能够较客观而准确地分析和研究一个公司现实情况的方法。其中，SWOT四个英文字母分别代表：优势（Strength）、劣势（Weakness）、机会（Opportunity）和威胁（Threat）。

一般情况下，SWOT分析更多的是基于企业层面的宏观维度的分析，同时也可以用于细节方面的产品层面分析。项目卖点是基于产品的目标用户的痛点、需求，如果反过来表述，就属于打动用户的亮点，其重点是能体现出与同行相比的差异化优势。

毕竟在很多时候，卖点就是优势，当然，两者之间还是有区别的。就拿一款口袋助理移动办公 APP 的产品来说，它的卖点是：解决企业主刚需（中小企业的是业绩提升），并且不收费（中小企业预算有限）。但它优势却可以从公司层面回答，比如运营公司本身资金实力雄厚，属于某地软件百强企业，本身也是安全出身，产品有安全优势等。

一般在产品优势众多的情况下，只要找到它独有的优势，才能找到产品的核心价值。做 SWOT 分析，正是通过优势、劣势、机会、威胁来了解自身产品的核心价值和后期风险。

如此，我们只要能将最后得出的分析结论落实到营销的战略战术中，转化为消费者能够接受、认同的利益和效用，就能达到产品畅销、建立品牌的目的。

与文案手分享：

产品卖点是市场营销的前哨战，更是市场营销的突破口。在一般情况下，它会比广告词更早出现，即便它的光芒后来可能会被广告词所掩盖或融为一体。那么，我们要如何把握一个产品的卖点呢？

一、确定产品所针对的需求点

我们给卖点的定义是：优于竞品满足目标受众的需求点。其中，卖点所针对的需求点主体并不是盲目的，而应该是目标受众。因为当某一项产品出现时，它所满足的目标人群肯定是有一定需求的。

比如一部手机，对正常的消费者来讲，它能满足的主要需求就是无线通话功能，但对一个离不开网络的人来说，它就要满足他的上网需求。文案手的主要工作就是提炼，按照我们所设定的目标消费者的需求，来展开信息提炼工作。

二、显示产品优于竞品的优势

卖点是满足目标受众需求点的必要条件，优于竞品则是充分条件。毕竟存在的产品都会有类似的竞品与其争夺市场份额，为了获得更多的市场占有率，就必须有优于竞品的优势。

优于竞品中的优势，主要是通过一种对比显示出来的。如果在满足目标受众需求的对比中无法体现出产品的优势，那我们的卖点也就不能称之为卖点了。这里的竞品，一般是指同样可以在不同程度上满足目标受众相同或相似需求的替代品。

在选择竞品时，我们需要经过详细的研究和选择。毕竟在商品种类日益丰富的今天，能满足同一需求的商品很多，如果过于随意，我们可能无法准确找到目标受众的偏好。那么，我们要如何寻找合适的竞品呢？

分析自己生活或工作的环境，并分析自己能够整合的资源，然后给自己确定一个准确而可操作的目标。比如经营小饰品店，肯定是在步行街之类的地方比较适合，如果开在办公楼这样的地方，估计就没什么人去了。寻找目标竞品也是如此，我们必须要准确把握好自身的经营卖点和目标，才能更容易地找到它。

004 从客户口中提炼有效信息

经典文案回放：某面膜产品的客户问答

下面是某面膜产品的部分客户问答，文案手就是从中获得了有效的信息。

用户："咱们家产品是自己研制的吗？"

客服："对呀，咱家都是纯天然的，不像别家的用完皮肤确实白了，但是有化学副作用。"

用户："明白啦！那咱们家一般实体店卖得好些还是网店好些？"

客服："网店、实体店都有。但网店刚做，单子肯定比实体店少。"

用户："咱们家每月销售额不少吧！"

客服："好的时候几十万元，不好的时候四五万元。"

用户："咱们这个面膜是用的什么材质？是天然纯棉，合成纤维，还是生物纤维的？"

客服："天然纯棉的。"

用户："那么咱们的面膜是按照功能分的，还是按照香蕉、苹果、木瓜、红酒等成分分的？"

客服："哈哈，是后者。"

案例解析：

从以上对话中，文案手能够提炼出以下信息：敷过后气色好、针对所有女性用户、独自研发、纯天然、可以自然改变肤色气色、实体店销量不错、刚刚涉足网店、纯天然、纯棉质地等。

从这些关键词中，文案手又联想到：用过后气色好＝具有改善皮肤的功效；独自研发≈独特秘方；纯天然≈无污染、无化学添加剂；刚刚涉足网店≈传统老店。

然后文案手就能拟出这样的文案，如："某某面膜，看得见的纯天然"直接表明其特性；"老婆，你妹妹来啦"暗示该面膜具有减龄作用；"纯天然还不够，纯天然棉才是真正的面膜首选"表示面膜的质地。

除此之外，文案手还可以根据产品的时间、使用特点等创作了一些文案，如："20年老店写创始人的故事，初心等对创业路的回顾""两盒以后见效：以身说法，从使用者的角度写出用后的真实感受""纯天然：写对面膜原材料的精挑细选"……

一般情况下，用户的反馈都是在已经收集的信息中产生的，而这些信息对文案手来说则是非常完美的数据。因此，大多数公司的客服部，都会通过电话或问卷调查的方式，去收集到那些或满意，或沮丧，或生气的用户信息。然后文案手就可以从这些开心或不开心的资料中获得大量信息，比如"他们表达了什么？""如何表达的？""在哪种情景下表达的？"

另外，文案手通过用户的反馈信息还可以了解到：目前的文案还缺少哪些内容？还没有解决用户的哪些问题？这对文案内容优先级的设置非常有用。

比如有几个客户都打电话来问"如何得到我们的产品退税款？"文案手就知道应该让这些信息在产品推广的过程中更容易被找到。当然，最重要的是，文案手要确保提供反馈信息的用户是自己所写文案的真正读者。

与文案手分享：

要想从客户口中了解一些有用的信息，我们首先要学会以专注的态度倾听客户的回答，给客户一种被尊重的感觉，才能从中获得更详细的信息。除了"听"之外，我们还要学会"问"，就像医生在给病人治疗之前总会问对方许多问题，这能帮助医生迅速找到病源并对症下药。所以，文案手也要学会扮演好医生的角色，与客户密切配合，从而发掘出对自己有用的信息。

一、要有"大局观"

获得用户信息最简单的方式，就是让用户直接进行产品体验。在整个用户体验的设计过程中，"对用户研究"非常关键，它也有很多形式。

对此，有专业人士认为，对用户研究的方法由以下 4 种形式中的一些组合形成的，具体为：

1. 行为研究，观察用户在做什么；

2. 态度研究，观察用户说了什么；

3. 定性研究，分析用户做事情的原因及提升方案；

4. 定量研究，量化可测量的元素，并分析研究数据，比如有多少潜在用户转换为真实用户或者有多少产品销量等。

从这些用户研究中，我们就能得到有关网站和产品目标用户的详细资料。

二、提炼有效信息的方法

对文案手来说，大品牌的文案总能给我们带来意想不到的启迪，但我们之前收集的数据、图表等，同样可以为我们带来意外之喜。比如每年购买某面膜的人有 9864798 个，那我们便可以拟出诸如"每年有 900 多万女性不了解自己的脸到底敷过了什么"这类文案主题。

下面我们就来具体了解一下文案主题的拟成方式：

1. 从用户的只言片语中提炼

比如当用户谈到了制作工艺，那我们就可以从产品的制作工艺或专业的角度去考虑主题；如果用户谈到了销量，那我们就要突出"产品受欢迎"的程度；如果用户谈到自己的使用过程，那我们可以创作一些偏重于情感类的主题等。

2. 通过现有资料进行联想

每个产品都会存在一定的差异性，那我们就可以在产品的用途上进行创意联想。就拿瘦身产品来说，我们可以采用对话的角度去联想主题，也可以从身体力行的角度去联想文案主题。无论从什么角度去思考文案主题，都要记住一点：最大限度地放大产品优势和功能。

3. 根据行业数据进行创作

在寻找资料的过程中，我们会获得很多数据，有些信息同样可以从中获得。比如产品使用成功或失败的数据等，就可以帮助我们做出合适的对比类文案。

最后我们需要谨记一点：无论我们获得的素材是怎样的，

我们创作的文案主题都要与使用者有关，并要积极向上甚至令人深思。

005 玩命突出产品细节

经典文案回放：某出租房文案

某小区一主卧出租，房东在58同城上这样说："小区内老人少，大都是年轻人；小区内有各种商店；交通便利，门口有公交车；同意转租后跟房东联系。"

一段时间过去后，虽然有人去看房子，但租客不是嫌房间的朝向不好，就是觉得价格偏高，所以那间主卧还是没租出去。

后来，房东把租房文案改成这样："小区内老人少，无广场舞困扰；小区内有菜市场和超市，买菜不用再坐公交车；门口有公交车10分钟直达地铁站；直接跟房东签约，免去坑爹中介的困扰。"结果文案发出一个星期后，新房客就住进去了。

案例解析：

高级文案手都知道，只对产品进行文案描述是远远不够的，还需要我们把产品的利益点说出来。就拿上面的租房广告来说，修改后的文案就是因为说出了具体的"利益"，才显得更加吸引人。而很多文案手就是败在了这一步，他们会非常详细地介绍产品，但用户却表示："你说的这些特点都不错，可是对我来说有什么用呢?"

所以,我们如果想写出好文案,就需要转变一下自己的思维,不要"向对方描述一个产品",而是"告诉对方这个产品对他有什么用"。

比如当我们描述"这是一款智能无线路由器"时,用户可能并不知道我们在说什么。但如果我们说"你可以在上班时用手机控制家里路由器自动下片",这种突出产品细节的方式就可能会让用户产生购买欲。所以,我们在撰写产品时要注意:"我是谁"并不重要,而是"消费者用我来做什么"才是文案的重点。

也就是我们常说的:"细节才能够让你跟别人有所区别。"就拿一部手机来说,看起来都是一个屏幕几个按键。但它的内部细节却是不一样的,比如有些手机的像素高;有些触控反应好;有些容量大……这些就是让同样的产品出现差异的细节。

与文案手分享:

每个产品都是产品制造者打磨了许久才制造出来的得意之作,这一点在文案手接触那些产品制作人时,听着他们介绍自己创作出来的产品,在那种眼神发亮、滔滔不绝的形象中就可以轻而易举地看出来,并给我们"这款产品真的好厉害"的感觉。但是,我们要如何写出产品的这种"厉害之处"呢?有专业人士表示,"描写细节"是最好的方法。

一、描述细节的先决条件是了解产品

很多人都非常喜欢小米的文案,觉得这些文案很吸引人,其中很大一部分原因就是小米很擅长在微小的细节之处做延伸，让用户觉得这款产品和其他同类产品不一样。

比如小米移动电源这个产品的策划团队在制定文案时，初稿是："小身材，大容量。"后来被否定了，小到底有多小，大到底有多大？这都需要消费者自己去想，不够直接。还有一则文案是"小米最来电的配件"也被否决了，因为配件会被联系到手机壳。其他像"超乎想象的惊艳"这类语句，也因为太过高大上、不够抓心、与消费者有距离等原因被否定。

经过层层筛选后，小米的这款产品直接定的是一级卖点"10400 毫安时，69 元"；二级卖点"LG，三星国际电芯，全铝合金金属外壳"。整个文案显得简单、直接、粗暴，并且有细节。这些都是建立在文案手对产品的各项功能、性质、特点等都非常了解的基础上，才能有效完成的。

所以，身为文案手的我们，必须对一款产品足够了解，知道它的每一个细节，才能够真的写出让消费者"看得懂"的文案。

二、产品的制作过程能帮助我们拆解产品细节

当我们知道一款产品是如何制作出来的时候，总会忍不住对产品制造者生出敬佩之心，感叹发明者的巧思。就拿食物来说，它最好吃的过程并不是上桌的那一刻，而是它的制作过程。就像我们小时候会跟在妈妈身后，看着她在厨房里忙碌的身影，嗅着一阵阵诱人的香味，引颈期盼每一道菜的上桌。这个迷人的过程，不该被"一小勺盐"或"少许酱油"这样的专有名词挡在门外。

创作文案同样如此，要让用户感受到我们所写产品的厉害之处，就是大家都能够懂得我们在说什么，而向大家展示产品

的制作过程，就是最有效的方法之一。

有些制造者可能会担心："如果我都告诉人家我怎么做的，那被别人学走怎么办呢？"这就要看文案手的功底了，这种文案的厉害之处就在于：当我们告诉别人怎么做后，别人还是做不来。

再以食品料理为例，现在很多料理的做法早就已经不是秘密了，但即便是我们知道每一道菜的食谱，也很难做出一样的味道，更不用说像刀工、味觉等这些需要经过长时间练习和体会的经验了。

因此，我们所展现出的技术细节不仅要让外行人"不明觉厉"，也要让内行人能发出"居然能做到这程度啊，真不简单"这样的赞叹。当用户感受到这款产品的来之不易时，就表示产品的"厉害之处"已经被我们展现出来了。

006　推销一种概念，而非产品

经典文案回放：不满足于知道，试试搜狗

2016 年 11 月，搜狗搜索正式启动以"不满足于知道，试试搜狗"为主题的年度品牌推广活动，一系列富有启发性且明显带有搜狗印记的广告相继上线，鼓励用户参与这场向全世界提问的活动。其广告如下图所示：

案例解析：

在"试试搜狗"系列提问式广告中，文案手利用很简洁且提问的方式，激发潜在用户的好奇心，再利用好奇心达到广告推广的目的——试试搜狗。这就是一种巧妙地运用了推广"概念"的原则。

这里的"概念"，我们还可以把它称之为"大创意""独特营销策略""噱头"，无论叫什么，它们基本都是一个意思。就像牛排广告中突出的永远是牛排诱人的味道一样，我们所创作的产品文案推销的也是一种"概念"，而不是"产品"。

与这个规则唯一会产生的例外是：当我们推销的这个产品确实非常独特或新奇，使产品本身已经成为一种概念的时候，推销文案的内容才会成为产品本身。正如约瑟夫·休格曼在《文案训练手册》一书中提到的："有些时候概念从产品中自然而然地就产生了，而其他时候概念需要被创造出来。"

就拿电子表来说，当越来越多的人开始知道电子表是怎么回事、怎么运作的时候，商家就需要在每一则广告中用一个独一无二的概念，将这些电子表的特性区分开来。比如"这是世界上最薄的电子表""这是一款装有内置警报器的电子表""这是一款在制造过程中装配了激光束的电子表"……当我们用这些五花八门的概念来销售电子表时，产品就不再是概念了。

与文案手分享：

每家公司都有自己的方法和品牌工具，文案手的作用就是把这些方法或品牌工具展现出来，以达到推广营销的目的。我们来看以下两点：

一、将产品融入概念

先举个例子，比如便携式民用波段收音机，它的概念就已经被包含在名字里了，这就是一种将产品融入概念的方式。当用户看到这个名字的时候，就会在脑海中出现它的特点，有利于营销推广的完成。

再比如说"袖珍黄页"，同样也是在产品名字中，就以一种浅显易懂的概念表达出了产品信息。在那则广告中，文案手没有推销产品，而是推销这个概念：代言人站在电话亭里，手里拿出一个电子通讯录，周围的人对此表示惊羡不已。

这就是融入了产品的概念，这些广告的效果都非常好。

二、价格可以影响概念

对产品的定价是一门学问。就拿 iPhone 来说，iPhone7 直接由 32G 内存跳到了 128G 内存，它没有 64G 内存。为什么会跳过 64G 内存呢，其实这就是一种产品和定价相结合的行为。

它不再给用户选择，而是要求用户，如果你想加钱，就直接买 128G 的。事实上，128G 内存的成本差异并非那么大。因此，这是一种利用价格去获得更多利润的方式。

所以说，我们有时候只需要简单地改变产品的价格，就可以很大程度上改变它的概念。比如当我们用 1900 元的价格销售一个儿童智能手表时，因为它的价格与普通的手机类似，所以我们会把它归为电子产品；当它的价格降到 190 元时，它就成了一个精致的便携式手表；当它价格降到 90 元时，这个产品就可能被认为是玩具，就是这样。即便实际广告中的文案基本一致，但用户心中对这款产品却自有定论。

总之，每个产品都有它独特的卖点可以将它与其他产品区别开来。这就取决于文案手来意识到这个事实，并发现这个产品的独特之处。如果我们做到了，那么这个产品的简单定位和概念延伸就会变得非常有力，就能够让我们更好地完成文案创作。

007 真正的文案高手是提供解决方案的人

经典文案回放：红牛饮料平面广告文案

红牛饮料广告语："轻松能量，来自红牛"

标题："还在用这种方法提神？"

内容："都新世纪了，还在用一杯苦咖啡来提神？你知道吗，还有更好的方式来帮助你唤起精神：全新上市的强化型红牛功能饮料富含氨基酸、维生素等多种营养成分，更添加了8倍牛磺酸，能有效激活脑细胞，缓解视觉疲劳，不仅可以提神醒脑，更能加倍呵护你的身体，令你随时拥有敏锐的判断力，提高工作效率。"

案例解析：

很多网站营销人员都以为，在网络上用文案推广我们的产品，就是自己每天的工作目标。殊不知，这样一篇"纯推销"的广告文案，别人可能根本就看不下去。所以，哪怕我们在文案上写满了这款产品这么好那么好，对用户来说，却是"再好和我有什么关系，我又不买。"

之所以会如此，很大程度上是因为文案中的角度切入点是不好的，需要我们对它进行调剂。比如要让消费者对我们的产品产生购买的欲望，就要先告诉他，我们的产品到底有什么用。再加上每个人对产品的需求不用，这就要求我们在撰写文案的时候，要对不同人的需求进行了解，只有定位精准了，才能写出直击人心的文案。

因此，写文案，明确文案目的是第一步，也就是这个产品能帮助人们解决什么问题。只有走好这一步，才能找到产品特点、用户诉求点，进而吸引用户的眼球，唤醒人们的情绪。就像红牛饮料的广告文案，它直白地表示自己能"迅速抗疲劳，激活脑细胞"。人们能从中轻松获得自己想要的信息，才得到了许多人的青睐。

所以，文案手的能力绝不是单纯的文案力或是文笔的好坏，而是文案手思考、探索、同理、分析的能力。这也是很多销售人员会忽略的问题，他们通常都比较喜欢从企业出发解说自己的观点和产品，进而说服顾客购买，而不是通过分析顾客的回应来解决顾客问题。

这里，我们先来讨论一个很无聊的问题："用户为什么要买东西呢？"因为用户有需求。再问："用户为什么有需求呢？"因为用户有问题要解决。当一个产品正好能解决这个用户的问题时，销售就会产生。比如，某个用户觉得自己的皮肤暗沉，而我们的产品作用正好是美白，那就能帮助对方解决问题。一个好的文案，就是要让用户能在第一时间知道这款产品所能解决的问题，越是明确，销售的效果就会越好。

这也就表示，文案手在写文案之前，最先需要考虑的并不是措辞或创意，而是这款产品的功能，也就是它能帮用户解决什么问题。

首先我们来看一个小故事：某公司准备招聘一名优秀的文案手，在最后一轮面试中，一位看起来很温和的面试官把最后5 名候选人召集在一起，并表示在面试之前大家先相互了解一番。于是开始谈人生谈理想，甚至称兄道弟极度放松。

这时，只听面试官漫不经心地抛出一个"烧脑"的开放性问题："假如你现在要运营共享雨伞 APP，准备在地铁投放一期广告，文案怎么写？"

有两个候选人直接谈创意，一个开始分析产品特点，还有一个谈起了用户的心理动机，面试官含笑听着他们的话，并时而点头似乎在表示赞同。最后一位候选人并没有直接给出"答案"，而是问面试官："我想先确认下，写这个文案的目的是为了什么？"最后，向面试官提出问题的候选人成了该公司的文案手。

所以说，那些认为"文案是为了给大家看的，用户买不买，我们没办法控制"的文案手应该转换一下思维。要知道，我们虽然不能完全控制目标用户的消费冲动，但我们可以将这份冲动变大，从而让对方发生消费，这就是好文案施展的作用。

与文案手分享：

明确文案目的，是文案思考的起点，找到它，就能找到用户的诉求点，然后为用户提供有效的解决方案，进而成为优秀的文案手。对此，我们可以从以下两点入手：

一、寻找用户的需求

很多广告文案常犯的错误，就是总想告诉别人自己的产品有多好，服务有多好。殊不知，好广告从不是对产品功能的描述，而是要为用户提供解决方案，让人们觉得这个东西是有用的。

比如脑白金的广告语："今年过节不收礼，收礼只收脑白金。"它就没有提产品本身的特点，而是在解决人们的送礼烦恼，对消费者来说，它并不是保健品，而是礼品。

再比如说王老吉的广告语："怕上火，喝王老吉。"人们都知道饮料的功能是解渴，所以更应该强调的是味道，但王老吉却从来没有强调它的口味，而是强调"上火"问题。所以它并不是一款单纯的饮料，而是消费者出门在外能预防上火的饮品。

所以说，产品的好属性或特点并不是它的卖点，而是它的底线。要想写出好文案，就要学会为用户提供有效的解决方案，唤醒用户大脑中的记忆，并使其产生联想。

二、找到产品的卖点

产品是文案创作素材的主要来源之一，但好像很多人都没有正确运用这些素材。要知道，创作文案的本质是为产品代言，需要我们从产品素材中挖掘出和消费者痛点相对应的卖点，也就是该产品能够满足用户的什么心理？能带给他们什么实际利益？哪个属性可以帮助他解决问题？

比如磨砂膏，如果以"深层清洁"为卖点，它能解决的问题就是"沐浴露无法洗干净死皮和深层污垢"，文案可以定为："深入毛孔，'扫'出污垢，给身体来一次'大扫除'"；如果以"天然"为卖点，它能解决的问题就是"身体用品化学成分太多"，文案可以定为："植物原液基底，更易吸收，与肌肤浑然一体"；如果以"柔软"为卖点，它能解决的问题就是"磨砂膏颗粒细腻"，文案可以是："不痛不花皮，温柔待你"。

在这里，如何写标题、用数字还是形容词等，都属于文案的"战术"，如果我们过分强调战术，就只是管中窥豹而看不到全局。所以，我们需要用战略思维去指导战术，才能写出令消费者满意的文案，同时也是文案创作的最高境界。

008 如何在3秒钟内吸引读者

经典文案回放：阿迪达斯"我的故事"系列文案

你将经历一些艰难的日子，但是所有这些终将过去。

我是大卫·贝克汉姆，这是我的故事：

回想 1998 年，

我真希望一切都没发生过，

当时我的表现简直像个孩子，

后来我哭了足足 10 分钟。

那时不断有人恐吓我，

整整三年半我没有一点儿安全感。

这打击太大了，我几乎想要放弃。

后来我在对希腊的比赛中进了球，

所有的记者都起立为我鼓掌，

能让这些苛刻的评论家为我喝彩，

对我来说，这一刻非同寻常。

艰难的时候总会过去，

只要你能坚持下来！

——大卫·贝克汉姆篇

案例解析：

"我的故事"文案中的第一句"你将经历一些艰难的日子"，有效抓住了人们的好奇心，甚至会想象着"是怎样艰难的日子？""为什么会经历这些日子？"下一句表示结果"终将过去"。然后说"我是大卫·贝克汉姆，这是我的故事"，名人效应加上故事，成功让读者产生继续读下去的欲望。

根据相关调查显示，消费者对一则广告产生兴趣的主要时间大约只有 3 秒钟。也就是说，我们必须在 1 秒的时间内吸引到消费者的目光，再用 2 秒的时间将产品的信息传递给他。在这个过程中，文案必须用最简短的文案来传递出精准的信息。

阿迪达斯的这则文案做到了。

另外，在广告学中，相关人士将广告对消费者的影响归纳为"吸引→兴趣→记忆→需要→行动"五个环节。也就是说，当文案作品通过各种创意手段成功吸引消费者的注意力后，必须明确告诉对方文案想传达给他们的信息，以形成品牌印象。如此，消费者才会在需要时采取购买行动。

比如阿迪达斯品牌之所以能享誉全球，除了产品本身的质量外，与其营销团队在广告方面的全力打造也是分不开的。阿迪达斯的市场定位为：高端市场。目标消费者有两个，一个是14~25岁的青年人群，他们敢于追求梦想，喜欢追求时尚，并希望获得他人的重视；另一个是25~35岁的人群，他们具有一定的经济收入，属于对生活品质和休闲都有一定概念的人群。

目标消费人群的特点，让阿迪达斯的广告媒介配比也贴近多元化，并一直围绕体育运动，传达品牌挑战极限与个性的精神。并且，阿斯达斯不做平庸的户外广告，也不做低层次的促销，反而大胆追求突破，喜欢用"大手笔"来实现传播效益的最大化。

与文案手分享：

文案的创意主要来自大脑对产品信息的提炼、取舍和表现。广告文案的目的，就是要将这些创意落实到整个产品广告中，回归营销，让消费者忍不住下单。要想达到这一目的，文案的创作要从直接创意和间接创意两种方法入手。

一、文案的直接创作法

直接创作法是一种直接阐述广告内容、展现产品重点的创意方法。它主要有比较法、直觉法、触动法三种类型。

1. 比较法

比较法是文案创作过程中经常会用到的方法，一般用于两种相近、相似或相对的产品进行比较，使其产生区别，以突显出产品在同类别中的个性和优点。比如 Oogmerk 眼镜行的一组广告，如下图所示：

地狱天使和服装设计师　　　　　　屠夫和艺术家

2. 直觉法

这是一种凭借直观感觉的创作方法，比较适用于宣传产品和企业的主要特征。其创作关键点在于：文案需要准确掌握产品和企业的相关信息，并从中提炼出最具传播价值的信息，再把它作为广告文案的主要内容。

比如雪豹牌皮装的文案就是直接说："皮尔·卡丹雪豹带您重归大自然。"这种方法具有见效快、时间短、创意明确等优点，但也有不足之处，比如容易使文案落入俗套，导致广告索然无味。

3. 触动法

某款口红的广告是这样的：

室内，妈妈拿着口红在镜子前涂抹，小男孩在旁边好奇地看。

街上，爸爸背着小男孩，而小男孩却偷偷往嘴唇上涂口红，当爸爸回头时，小男孩亲了爸爸一口。街上的人看着爸爸脸上的口红印纷纷指指点点，爸爸却浑然不知。

回到家，妈妈一看爸爸就柳眉倒竖，非常气恼。爸爸莫明其妙，小男孩高举着妈妈的口红，笑得开心。妈妈瞬间明白过来，走到爸爸身边亲了他一下，然后爸爸的另一边脸也出现了一个口红印记。

这就是文案中的触动发，是一种文案手根据偶然事件的触发，从而引出创作灵感的方法。这种方法很容易吸引消费者的注意力，从而给消费者留下深刻的印象。

二、文案的直接创作法

文案的间接创作法，是指文案手间接阐述文案内容、体现产品重点的创作方法。它主要包括悬念法、暗示法和寓情法三种。

1. 悬念法

悬念法的文案创作，是指文案手通过对产品的悬念设置，从而让消费者产生疑惑，再逐步为消费者解惑的产品介绍过程。

比如在一则广告中，文案手直接用一张 X 光片，并在胃部位置悬浮着一只钻戒。当时，这只钻戒成为人们产生悬念的焦点。然后，人们通过画面中更细节的信息才知道，原来这是一篇快餐食品的广告，由于食品的香味留在手指上，导致那个贪吃鬼竟然把手上的戒指吸下来吃到了胃里。

这则广告画面中，文案手并没有直接表现人在吃食品时的情景，而是用这样一个令人产生疑惑的结果，让消费者被悬念引导并寻求答案，由此使产品达到吸引众人眼球的预期目的。

2. 暗示法

这是一种通过对相关事务的说明和表示，使广告达到"声东击西"的宣传效果。比如牙刷广告词："一毛不拔"；某打字机广告词："不打不相识"；某灭蚊器广告词："默默无'蚊'"……

在使用暗示法时，文案手还要保证消费者能够准确理解产品的信息。比如"避孕套"的广告，如果暗示得过于曲折、晦涩，消费者可能就无法理解，自然也就无法达到产品的宣传目的了。

3. 寓情法

所谓寓情法，就是指文案手给产品注入情感元素，以消费者的情感诉求为侧重点的文案创作方法。就像炊具品牌"爱仕达"的很多广告文案，都属于寓感情于产品中的出色案例。

比如爱仕达推出了"7点回家吃饭"文案："人们步履匆匆往家的方向走去，贤惠的妻子已经做好了可口的饭菜，时钟指向7点，爸爸正好回家，一家三口其乐融融共享晚餐。画外音响起：7点，没什么比回家吃饭更重要。"

这则广告尽管看起来普普通通，也没有曲折的故事，但简单的一句"7点，没什么比回家吃饭更重要"却成功地打动了消费者的心，尤其是对那些因为工作繁忙而不能聚在一起吃饭的家庭来说，这句话更是一个温馨提示和警醒，所以更加深入人心，让消费者对品牌产生心理认同感。这则广告的播出，顺利让"爱仕达"的销量大增，有效提升了品牌影响力。

最后，文案手一定要时刻提醒自己，文案创作的目的是传递产品信息，广告的本质不是艺术，而是披着艺术外衣的产品营销手段。如果我们的文案不能吸引消费者的目光，或者文案内容无法被消费者理解，甚至会产生误解，都无法达到产品营销的预期效果。

009 在"不认真"中让用户印象深刻

经典文案回放：没事就吃溜溜梅

溜溜梅的这则视频广告只有一分钟，一开始就是广告代言人用各种表情和语气不停地问："你没事吧，你没事吧？"然后就见代言人手拿一颗梅子放进嘴里说："没事就吃溜溜梅。"屏幕上同步出现广告语："没事就吃溜溜梅。"

案例解析：

溜溜梅的广告曾被不少人称"不认真"，还曾一度引起无数人的"吐槽"："为什么没事就要吃溜溜梅？""我没事，你有病吧？""恶俗至极"……觉得它无聊甚至厌烦的人实在不少，但却没有人能阻止这则广告在我们脑子中留下的深刻印象。

之所以会这样，是因为代言人在广告一开始就用一张大脸加上反反复复的"你没事吧"，顺利引起了人们的注意力和好奇心，很多人在这一段播出时都可能会产生"什么没事吧"的疑惑，或者是"没事你妹"的想法，然后吸引人们继续看下去。

在引起人们的注意之后，猝不及防地来一句"没事就吃溜溜梅"，然后这个概念就根植在人们的心里了。再加上后面洗脑旋律的强化，估计人们在看完广告后几个小时内都会反复出现这句话。

尤其是在这个娱乐化的时代，文案要善于"娱乐他人"，认真你就输了。就像冯仑说的："不会玩互联网娱乐的企业，将来很难取悦年轻人。"那互联网娱乐该怎么玩？努力自黑、保持机智、一玩到底等都是不错的方法。

具体来说，就是利用用户的心理角度来看：好奇心、看客心、表现心，并做到文案风格"不认真"和文案立场"不认真"。文案风格不认真，并不是叫你乱来，而是用词、文风等要轻松活泼一些，多些机智调侃。文案立场不认真，说的则是很多用户并不关心事情的真相，所以文案也不必关心，只要有趣就行。对很多用户来说，他关心的可能只有两件事，一是文案的内容有没有意思，二是里面的人有没有意思。

所以，我们写出的文案应该是这样的：既要严谨地提炼产品卖点，又要把这个卖点说得新奇有趣。

与文案手分享：

在这个消费者对广告已经非常免疫的时代中，留给文案的阅读时间真的只剩下匆匆一瞥了。所以，我们就要在用户的这一眼中决定胜负，哪怕文案的内容让人觉得非常"不认真"。要想做到这一点，我们就需要文案能像一把刀一样，一刀打开用户需求，一刀打动目标客户。

一、打开用户需求

由于消费者的时间和精力有限，再加上很多产品都可以找到代替品，所以在很多时候我们的产品并不是消费者迫切需要的东西。那么为了争夺消费者的时间和精力，我们的文案一般都需要从以下两个方面入手：

1. 主动刺激需求

很多时候，消费者的需求都是"突然"产生的。比如突然觉得日子过得好辛苦，想要大吃一顿；突然觉得自己压力好大，想要放松一下；突然觉得内心非常空洞，想要买本好书……

要想在第一时间满足这么没有规律的需求，有一个很好的办法，就是主动刺激需求。比如你和心仪的女孩一起逛街，这时一个卖花的小朋友跑过来对你说："哥哥，你看姐姐多漂亮，买朵花送给她吧！"那你十有八九会立刻掏钱把花买了。而这就是主动刺激需求的方式。

市场上这种刺激需求的方式也不少，比如味全的瓶身广告："昨晚没睡好，你要喝果汁""不爱晒太阳，你要喝果汁""你爱你自己，你要喝果汁""电脑 8 小时，你要喝果汁"……试想一下，一个刚刚加完班的上班族去买水时忽然看到这句文案，第一反应大概就是"说得没错啊，加完班喝果汁补充补充营养，还是味全最懂我！"

2. 承诺更好地满足需求

摆在消费者面前的产品选择很多，但他一定会选择最合适的那一个。这里的"最合适"，就是消费者最想要的"事后状态"。比如一个人生病了，他的需求是"吃点药赶快好起来"，并希望"不要因为感冒影响工作和生活"。如此一来，白加黑的贴心文案"白天吃白片，不瞌睡；晚上吃黑片，睡得香"就会成为他的最佳选择。对用户来说，连感冒药让人打瞌睡的副作用都能排除掉，买它最合适。

二、打动目标客户

有些产品，消费者一直对它保持着持续的需求，却面临着各种阻碍。比如想要换个大房子，但它却不是说买就买的。对于这样的产品，其关键点就不再是打开需求，因为需求本来就存在，而在于打动客户，让客户尽可能把需求转变成消费。

1. 用紧迫感唤醒用户需求

给用户的长期需求加上紧迫感，比如"今天不下单，今年就没有 5 折的机会了"。像这种机会、金钱、梦想、青春、健康等，都是消费者害怕失去的东西，文案手要做的，就是利用文案来营造紧迫感，让消费者抓住这些稍纵即逝的东西。

比如有一则公益广告写道："癌症治疗烟瘾。"一眼看去就有种惊恐感，试想一下，戒烟阻力大没关系，只要你敢豁出命来，癌症可以帮你戒烟。

2. 用冲动感激活消费欲望

想让消费者变得冲动，就是要我们为对方提供某种刺激感，从而让他"现在就要"的感觉战胜理性。一般在汽车和房地产行业中有很多这样的例子，比如某精装样板间发售时的文案为"如果青春不曾放肆，老来何以话说当年"。

总而言之，这种文案就是为了给人营造出一种"冲动"的氛围，从而刺激消费者进行消费。

第 **10** 章 | 选对发布媒介和时间，
文案才更具冲击力

001 根据产品特点选择推广媒介

经典文案回放：特步广告文案

特步广告语："特步非一般的感觉！""特步让您超越无限，成就梦想！"

平面广告文案内容：

为了梦想不断超越，追逐着梦想不断前行，特步永远伴随你的脚步，给你注入最新鲜的活力，特步——永不止步！

广播广告文案内容：

A："最近怎么看你跑步越跑越精神了？半天都不带喘气。"

B："嘿嘿！你就不知道了吧，这是个秘密。"（小声说）

A："那你快点告诉我，你看我这都快跟不上你的节奏了。"

B："那你可得请我吃饭哦！"

A："一定一定。"（迫不及待）

B："那是因我穿了特步运动鞋。"

A："啊！有这么好的效果，我也要去买一双。"

旁白："非一般的感觉，让运动与众不同，爱跑步爱特步！"

电视广告文案内容：

清晨，一个帅气的年轻人在公园里跑步，有很多同在晨练的人都看着他。一会儿，又有三三两两的人加入了青年的行列，跟着他一起跑。

年轻人奔跑的脚步穿越了更多的晨练地点，有更多的人加入了跑步行列，男女老少都有。之后，所有从旁边经过的人都受到他们的感染，加入了跑步队伍。

最后，年轻人站立镜头前双手怀抱胸前说："让运动与众不同，爱跑步爱特步！"特步 Logo 出现。

案例解析：

作为大型的体育用品企业，特步在品牌推广方面下了很大功夫，也借助多方媒介把品牌的独特文化推向了全世界，并获得全球青年的喜爱。

在这些推广媒介中，电视广告是最具影响力的传播媒介。比如从 2008 年特步独家赞助北京奥运会开始青年文明宣传号以来，特步就逐渐走向了国际舞台。当时，特步的广告宣传片以谢霆锋打拳击出场，以跨越街头横栏为主要场景，体现了特步"与众不同"的文化内涵。

2009 年，特步作为十一届全运会的合作伙伴。在广告中以 11000 公里火炬传递为标志，展示了特步具有拼搏、胜利的品牌形象，并以"特步，2009 年十一届全运会合作伙伴"为口号，给消费者一种值得信赖的信任感。

通过这样的电视媒介，特步所展现的运动、时尚、青年的文化内涵，引起无数消费者的喜爱和关注。

所以说，当一款成功的产品被开发出来后，就要想办法把它推出去。就像是一个需要不断包装和投入的明星一样，需要不断制造"话题"才能吸引用户，靠各种媒介发出的推广文案和足够的内容和活动来支撑，否则它很快就会被人们所忘记。因此，比产品开发更难的，是后续的运营和推广。

其中，文案推广的主要产品媒介有：网络传播媒介、户外广告传播媒介、电视传播媒介、报纸杂志传播媒介。

首先，网络传播媒介的方式比较多，像微博、论坛、微信等，都能迅速让我们想要推广的文案信息传播出去。并且，网络传播的方式具有受众准、转化高、成本低、实效快、资源多、覆盖广等诸多优势。

要想写出好的网络传播文案，我们就需要掌握一定的写作技巧。比如适当地使用一些流行网络用语、吸引人的引导词等。文案要尽量精简，比如微博的字数最好能保持在 100 字以内。方便让用户一目了然地知道我们想表达的含义，文字过多则容易引起用户的反感。

其次，户外广告是一种特殊广告媒介，对产品的推广有着重要的影响作用。目前，我们常见的户外广告有企业 LED 广告灯箱；高速路上的路边广告牌、霓虹灯广告牌；LED 看板及安装在窗户上的多功能画蓬等，甚至还有升空气球、飞艇等先进的户外广告形式。

这种以近乎真实的体验标志，能够最大程度地吸引顾客的兴趣，冲击顾客的感官体验欲。并且，户外广告的发布时间较长，也能给用户留下较为深刻印象，以形成一定的品牌影响力。另外，这种广告的成本较低，一般只需要较为简单的海报设计即可，所需要的材质和设备也相对绿色化，不会出现高成本的运营。

第三，电视传播媒介主要是运用电视的媒介进行广告推广，以实现品牌的文化推广，使品牌的文化符号在人们的视野中形成良好的形象，激起人们的购买欲，并扩大品牌影响力。

就广告推广而言，电视媒介具有诸多优点，比如覆盖面大、普及率、视听兼备、综合表现能力最强、具有冲击力和感染力、易与收视者建立亲密感情、贴近生活等。因此，电视传播媒介的广告效应能得到最为广泛的群体收视，得到较好的传播。各品牌正是借助于这种效应，能给自身品牌树立良好的形象，引起人们的共鸣，起到良好的宣传效果。

第四，作为最持久的传播媒介，报纸和杂志对品牌的传播有着重要的影响。尤其是报纸，作为最传统的信息传播媒介，它有着广泛的市场基础，成本的制作费用也较为低廉，所以受众范围广。但它的视觉效果较差，一般都是普通的黑白版面。并且报纸的生命周期很短，信息也显得较为纷繁造乱，难以获得人们真正的可信度。

与报纸相比，杂志虽然同样是一种纸媒，但它的规格更高，专业性也更强一些。比如一本专门为某产品设计杂志，我们就可以从它的图片、文字等各方面做到专业详细，以求完整地表现一个品牌的文化价值和品牌内涵。但它的覆盖范围较小，并且成本比报纸高，同时，因为它传播窄、覆盖范围小的特点，使杂志同样缺乏一定的时效性。

以上是目前较为普遍的品牌推广的媒介方式，每一种媒介都有其优点，但也有其不足，我们需要充分运用各种媒介的相互结合，才能真正促进品牌的推广效果。

与文案手分享：

在不同的互联网环境下，每个人所做出的反应是不一样的。比如我们写一篇生活产品类的文案，结果却把它发布到花艺类的平台上，得到的用户反馈可想而知。所以，我们需要根据产品的特点来选择适合产品投放的媒介，才能获得更好的品牌推广。下面我们就来看看，我们写的文案要放在什么样的环境下才能获得更好的效果？

一、理财金融类文案

这类文案一般都是一些金融机构的产品广告，会详细介绍一些关于理财产品的收益情况或是一些好的投资方式，并且这类广告带有明显的男性趋向。与此相对的，很多女性看到这类广告后都可能"不感冒"，比如我们把它投放在与美食或母婴类的电视频道或网站上，肯定无法得到人们的喜欢。

所以，我们可以把这类文案投放在财经频道，或者是财经资讯类的论坛、公众号上。另外，还可以考虑选择一些与金融理财相关的流量大号、著名公众号等，这类公众号上都有比较稳定的粉丝，对于推送的一些广告内容也会有比较好的阅读量，有了好的阅读量后就会产生一定数量的转化，从而就能达到比较明显的广告效果。但这类广告不适合投放在 IT 类、美食类、母婴类，受众对广告内容不感兴趣，读了也并不会有转化。

二、小说类文案

小说类文案是目前比较火的一类，文案内容大多是一部小说的节选，而广告官方则是小说版权网站，用户可以通过阅读转化成网站的付费会员。这样一个转化链意味着用户需要有阅读习惯，还是那种喜欢在闲暇时看一些小说的人。

因此，我们在投放这类文案的时候，可以选择在情感类或娱乐资讯类的网络平台上定期更新。因为这类文案的用户都有阅读长篇文字的习惯，所以对于长文案不仅不会排除，还会产生较好的效果。

当然，这里我们需要注意一点，小说类的文案千万不要出现在视频类的网站上，因为视频类网站的用户大多都比较喜欢看多媒体形式的东西，像这种单纯枯燥的文字无法让他们产生阅读兴趣。

三、美容减肥类文案

这是一种带有明显性趋向的广告文案类型，女性是这类广告的主要受众者。因此，这类文案可以投放在母婴类的平台上，因为一些孕妇或刚生完宝宝的妈妈，可能会有产后皮肤和体型恢复的需求。

除此之外就是养生类平台比较适合这类网站的投放，因为女性关注养生的数量要比男性多一些，再加上美容瘦身的部分信息和养生相似，都是为了让人变得更健康、更漂亮，所以广告效果不会差。

相对而言，像财经类、新闻资讯类的平台就不太适合投放美容减肥的广告文案，毕竟这些平台上的男性用户比较多。而且他们喜欢的文案类型也完全不同，对于这种明显的广告文案很容易产生抵触情绪。

002 主流新媒体平台的创作要领

经典文案回放：马克的故事

某航天中心的指挥塔内，年轻人马克正聚精会神地注视着前面的显示屏。忽然，显示屏上同时出现了两个移动的目标，它们越飞越近，甚至有迎头相撞的危险。心急如焚的马克紧紧盯着显示屏，手指手忙脚乱的键盘上操作着。但是，飞行物仍然像设定了程序一般，依然越飞越近。

惨剧发生，整座指挥塔被撞击的火光映红了。但就在惨剧发生的那一刻，马克像变了个人一样，他兴奋地紧握自己的双拳，一阵难以抑制的狂喜从脸上掠过。这时，画面上出现字幕："马克，曾任电子游戏编程员"。

广告语："你可以换老板，但千万别换专业。"

——求职网站广告

案例解析：

新媒体是一个不断变化的概念，主要是相较于传统媒体而言的。一般只有媒体构成的基本要素有别于传统媒体，才能称得上是新媒体。它的到来不仅是势不可挡的，更给传统媒体的广告和营销带来了极大的冲击。

与传统媒体相比，新媒体最大的革新，就是由集体对受众的广播形式变成了受众自发的点击和定制内容。当我们的生活方式随之发生变化后，我们获取信息的渠道和相应的传授方式也发生了同步变化。

比如现在网上购物、网上聊天、网上阅读等行为已经不再是一种时尚，而是成为我们生活中不可或缺的一部分；写日记、写信、交友、访客等生活方式也被写长微博、发 E - Mail、微信聊天等逐步取代；新闻、阅读、影视等只需要一部手机就能全部实现。所以，新媒体就顺理成章地成了主流的媒体平台。

与文案手分享：

在互联网时代影响下的消费者，"懒"是其特征之一，很多用户都不太愿意去思考。所以，文案手就必须让潜在用户能在第一时间里知道，我们的文案要表达的内容是什么。直白点来说，就是文案要简单、好记、易传播。那么，我们要怎么在新媒体平台上写出这样的文案呢？

一、把受众进行分类

文案手都知道，写给学生看的和写给上班族看的文案是不一样的。所以，我们需要先确定这篇文案是写给谁看的。一般情况下，我们可以根据年龄划分，把主要的受众分成三类人群：18～22岁，23～27岁，28～33岁。

比如18～22岁的人多为大学生，所以对产品的要求是以学习和娱乐为主，购买因素基本是好看或实用，使用场所一般是在教室或宿舍；23～27岁的人大多是初入职场的年轻人，对产品的要求主要是以社交、工作、娱乐为主，性价比和方便携带是多数人的购买因素，使用场所一般在办公室或住所；28～33

岁的人大多为商务人士，生活大多被工作和育儿包围，方便携带、有格调的商品可能会成为他们的首选，使用场所则是以办公室、家庭、咖啡厅等地为主。

这种根据不同人的年龄、购买目的、使用场所等不同的维度，我们可以填充一个有效的用户群属性，面对不同的受众用户，则表示我们所写文案内容的结构、侧重点和语言措辞的不同。

二、学会"长拆短"和"偏激"式写作方法

就拿微信朋友圈来说，作为一种熟人社交圈，我们在上面展示的文案多多少少都是表现给朋友看的。所以，我们在朋友圈中发表的信息必然会体现"我"的观点，产品的推广文案同样如此。而像微信文案的写作技巧，我们可以把它分为"长拆短"和"偏激"式的写作方法。

1. 长拆短

"长拆短"的写作规则是这样的：第一行永远是主题；一段话尽量不出现两行、三行的情况，最好能在 19 个字符内解决问题；要有故事；内容包含主人公。我们来看这样一篇文案：

有人问我狗喝醉了怎么办？

事情是这样的

他家有一只大黄狗

误把白酒当水喝

现在晕乎

……

从中我们可以发现，这种文案的写作技巧之一，就是一句一段。究其原因，其实是为了适应用户在手机这种移动设备上的阅读习惯，这就是所谓的"长拆短"。

2. 偏激

想让别人记住我们的文案，中庸之道不可取，只有那种偏激、深刻的文案才会让人印象深刻。因为这样观点具有煽动性，它所表达的强烈情绪才会影响到别人。

三、根据不同平台编写内容

不同的平台决定着文案的形式、阅读习惯、传播机制也会有所不同。比如微博是个开放式的平台，我们就可以做一些转发、抽奖送等方面的活动，但微信就不可以。所以，同样的活动并不一定适合所有的平台。

这里有一个比较"笨"的方法，文案手可以每天到微博、头条等我们想投放的一些平台和网站上，去寻找能够吸引我们的标题，保存后再思考这些标题是如何打动我们的。虽然会很麻烦，但长期坚持下来后，就可以发现，这比看一些"逆向思维理论"等方法要实在得多。

做好这两步后，我们还要根据投放测试效果进行反馈和修改，从而找到转化最高的文案版本。

总之，新媒体平台的创作与传统媒体不同，并不需要我们保持所谓中立的观点。在这些平台上，我们可以相对自由地发表独立的观点，也可以有自己的个性，很多关注我们的用户就是被我们独特的个性所吸引的，也更容易与对方产生情感的共鸣。

003　借势热门事件的文案要抢占先机

经典文案回放："小李子"获得奥斯卡小金人后

2016 年的奥斯卡在莱昂纳多捧得小金人后，网络信息一度变得格外热闹，比如微博话题从 2 月 29 日下午到晚上 22 点就增加 5 亿阅读。这样的关注度，除了莱昂纳多的贡献之外，还有一小股不容小觑的借势营销势力为其"添砖加瓦"。

至于莱昂纳多为什么会被叫作"小李子"，这和他的名字被翻译成"李奥纳多"有关，比如赵薇的《爱情大魔咒》这首歌里，他就被叫成"李奥纳多"，而影迷们又觉得叫"小李子"更加亲切。

我们来看看那些在"小李子"身上下了功夫的企业借势案例。不得不说，那些文案真的很不容易，就奥斯卡这件事儿，莱昂纳多当属最大的爆点，然后我们就能看到各种图片、文案等都是跟他有关。光一个"李"字就已经想出花来，像什么"李曾是少年""李最珍贵""有李更精彩""李所 ying 当""终于等到李"……

案例解析：

热点营销其实就是一种"借势营销"，是指企业及时地抓住广受关注的社会新闻、事件以及人物的明星效应等，再结合企业或产品，在传播上达到一定高度而展开的一系列相关活动。从营销的角度来说，这是一个通过优质的外部环境来构建的良好营销环境，是能够达到我们需要推广目的的营销方式。

比如莱昂纳多荣获奥斯卡男主角奖后，文案手们都开始拼命赶制出各种与他相关的文案，比如 Uber 马上用 Uber 地图的方式推出"李曾是少年""李最珍贵"等文案。

此外，还有国美在线的"小李得奖，老李发券"的优惠券活动。红牛更是直接放了两颗李子，告诉人们"小李子牛了"。

总之，一个事件成了热点之后，就会有成千上万的人来关注。一般这种时候，只要我们的文章写得足够有吸引力，很容易就能获得大量的转载。

与文案手分享：

现在很多品牌都在借"事"营销之风，首先就是因为它的成本低。其实这是很容易理解的事情，比如 NASA 发现"另一个地球"这个大事件，很多运营商借势营销的手法就是随便想一条文案，然后让设计人员稍加设计一下，就可以扔到朋友圈上刷屏。借势营销真的这么简单吗？下面我们来具体看一下：

一、什么是借势营销？

关于"借势"的能力，我们要先从陈列说起。比如商店里的巧克力原本是放在糖果类产品的货架上，鲜花则会放在生鲜区的旁边以利用其湿度。这两种产品在平时根本不会有见面机会。但到了情人节，巧克力和鲜花就会变成最强搭配，如果把这两种商品陈列在一起，让消费者顺势购买，就可以达到提高销售额的目的。这就是一种借势节日的方式。

　　还有一个典型的借势营销案例，就是沃尔玛卖场将尿不湿和啤酒陈列在一起。单看这两样东西，完全没有关系，但相关人士经过分析和调查后发现，很多年轻的爸爸都会被妻子打发出来给孩子买尿不湿，而他们都有喝啤酒的习惯，所以每次都会顺带买些啤酒回家。这种借势营销的方式，借的就是消费者购买行为的特殊性。

　　再比如蒙牛在刚诞生之时，由于自身没有名气，所以它就借势伊利，事事跟在伊利后面。多年后的今天，它成为和伊利并驾齐驱的品牌。

　　由此我们能够充分意识到：借势，很可能就是企业或产品突然大卖的契机。

　　二、如何借势？

　　关于如何借势的问题，著名营销策划人叶茂中老师说："学会傍和蹭。"简单来说，就是要学会抱最粗、最美的"大腿"，蹭出火花，然后奋力往上爬。这也就意味着现在的企业、品牌、产品，需要的不再是一个只会坐着写文案的人，而是需要一个能够通过与"势"争夺话语权并能成功上位的人。

　　比如麦当劳的麻麻黑甜筒，它的色彩就和"世界地球日"的关灯理念不谋而合，除了 Logo 之外全部运用灰黑色系，不仅让品牌显得兴趣盎然，也让产品有一分"公益爱心"；比如O2O 购物节，基本都是借势"双 11"，打鸡血一般地让人们买买买；再比如王老吉借势《舌尖上的中国 2》，从吃辣和上火入手，展示凉茶的文化和品牌，然后快速引发媒体和网友的关注和热议。

　　最后我们再来看节日借势模式。都说圣诞节、元旦、情人节……都是电商促销节，其实不仅如此。就拿"世界读书日"这样的活动来说，像这种"高大上"的节日一般都要与书有关吧，比如当当、京东图书、出版社……结果杜蕾斯又冒出来了，表示"用书说事，事事皆要套"。不得不说，人的"脑洞"真的是无穷的。

004　微信文案的发布时间规律

经典文案回放：假如明天 AlphaGo 故意输给李世石，那才是最可怕的事

2016 年 3 月，"人工智能"被微信朋友圈刷屏。当时，世界顶级棋手李世石连续两局败给谷歌的人工智能 AlphaGo。当比赛将进入到五局三胜中最关键一局时，有人说："人工智能战胜人类并不可怕，可怕的是它明明能赢，却故意输给人类。"

于是，3 月 11 日一篇名为"假如明天 AlphaGo 故意输给李世石，那才是最可怕的事"的文章刷爆了朋友圈，人们表示，人工智能连胜两局不可怕，但如果它在关键点上故意输给人类，那才是最可怕的。

这篇文案的发布时间，正好是在人机大战进入白热化阶段，它的转发量在发出当天上午出现爆发。其传播时序图如下所示：

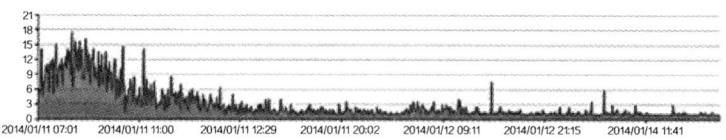

案例解析：

根据相关数据，截至 2016 年 9 月，微信的平均日登录用户达到 5.7 亿，一线城市的渗透率高达 93％。其中，微信用户对微信的使用时间，大概在以下几个点：

早上 7：00 起床刷刷朋友圈；8：30 到公司楼下使用微信支付买早餐；10：00 忙里偷闲刷朋友圈并收发消息；12：00 拆红包、付饭钱、吃午饭；12：45 利用午休时间逛京东、群里聊天；17：00 刷刷朋友圈，准备下班；18：00 下班回家并用微信支付买晚饭及所需的食物；22：00 和朋友聊天、再抢个红包，准备睡觉。

从中我们可以看出，人们刷朋友圈的高峰时间大概就是早上、中午、下班和睡前。那我们创作的文案只要能抓住这几个时间点，相信会被更多人看到。比如人工智能的这篇文案，就是抓住了人们浏览朋友圈的高峰期，然后在当天上午就达到了转发高峰。

与文案手分享：

一些敏锐的文案手应该发现，有时候自己发布的朋友圈信息获得的点赞或评论数量会比较少。有些人觉得可能是自己所编辑的文案吸引力不够，然后不断去学习如何编写有吸引力的文案。但学会之后，却发现这个问题还是没解决。事实上，微信文案的点击率或转发量虽然与文案的优质程度有关，但它并不是全部的因素。

比如文案的发布是否有时间规律也是很重要的因素，而根据专业人的研究发现，只要我们能掌握好文案发布的时间规律，并能巧妙地利用好它，就能获得微信文案推广的天时、地利。

一、微信文案的最佳发布时间

根据分析，一天中有两个最热门的微信文案分享时段，即上午10：00 ~ 12：00点以及晚上8：00 ~ 10：00，每天文案反馈率最高的分享时间一般是中午12：00 ~ 14：00。

上午之所以会出现分享高峰，是因为人们在完成上午的工作后或在吃饭之前，总会忙里偷闲一下，上网浏览一些自己感兴趣的内容，然后对其进行"点赞"或分享给自己的朋友。同时，这个分享高峰时段也让文案手们在饭后能够直接查看到别人分享的信息，并给予相应的反馈。

晚上的分享高峰时段则发生在人们下班回家、吃过饭、睡觉前的空闲里，这时，人们大多会选择上网分享来打发时间。

二、如何找到属于我们的最佳发布时间

要想找到微信文案的最佳发布时间，就要先思考我们的粉丝用户的性别、年龄、职业、内容取向等方面，然后尝试假设用户的阅读习惯来设定测试时段。还要考虑我们的竞品推动时间段是什么时候，我们是准备同时段相争还是避其锋芒、另辟蹊径？下面我们就以媒体平台型和企业型的文案发布时间为例，看看不同属性的文案在发布时间段上有什么不同。

1. 媒体平台型的公众号

媒体平台最重要的是时时更新，但为了防止影响到用户的正常工作和生活，我们就不能只为例追求消息的"及时"影响到用户体验，而要确定一个固定的时间段对文案内容进行推送。

一般情况下，人们都是在早晨上班前或晚上下班后希望看到一些媒体消息。比如网易新闻端、搜狐新闻顾客端、腾讯新闻顾客端等媒体平台，都是在早晨或晚上更新内容。

由此我们就能推出，媒体平台型的公众号文案最佳发布时间是早上 6：00~8：30，或晚上 17：20~18：30 这段时间。因为这段时间大家都在上班或回家的路上，可以利用乘地铁、公交车这一段无聊的时间进行阅读。

2. 企业型公众号

企业型公众号的文案内容要根据目标用户的碎片化时间来推送内容，一般最好的推送时间是中午 12：00~13：30 这个时间段。因为在这个时间段是用户用餐的时间，很多用户都会利用这一段碎片化的时间来浏览品牌产品，所以这个时间段很适合企业做一些产品促销活动。

另外就是 17：30~18：30 这个时间段，因为很多用户会在下班以后阅读公众号推送的内容。像这种企业型公众号的文案发送，一般一个星期只需推送两到三次即可，过多会让用户感到疲劳和厌倦，而文案的内容也要尽量是高质量的原创，要少而精，避免骚扰用户。

最后我们要注意一点：文案推送时间确实是一个影响阅读转化的维度，却也不是什么能够决定成败的至关重要点。所以，我们的微信文案还是要以提供有吸引力的标题，以及创造言之有物的内容价值为主。

005　根据文案的特性来撰写文案

经典文案回放：比你想象的还要低

深夜，一位身穿白衣的女孩被一名陌生男子跟踪。为了躲避对方，女孩跑进了一个尚未完工的建筑工地，但陌生人还是紧紧地尾随而来。

工地里一片漆黑，地上还积着水，女孩跌跌撞撞地向前跑着，而跟踪者离她却越来越近了。就在对方马上要抓住她的时候，跟踪者的头撞到一根横贯的钢管上。

原来，那根钢管的高度正好和跟踪者额头的高度相同，由于他并没有发现它，所以一下子就被撞晕了。而女孩也幸免于难。

屏幕上显示出字幕："瑞士电信新资费，比你想象的还要低。"

——电信广告

案例解析：

文案手在创作文案的过程中，可能会因为关键信息不明确，或是这样那样的原因，写出那种令人很费解的文案，让用户还没有读完就直接放弃了。之所以会出现这种问题，很大程度上就是因为我们在产品的文案推广计划中，没有考虑到渠道的特点。

像上面这则广告内容，视频的方式明显就比宣传单派发的方式更加吸引人，并且视频是以故事为出发点，所用时间也比较短，让用户有足够的耐心看完它。

这就是因为不同的渠道会带给用户不一样的体验，所以我们很多时候都需要根据渠道特点去调整文案，让用户明白文案想要表达的含义，就不会出现错过或误解的现象。

与文案手分享：

文案的内容和形式与产品的推广息息相关，而产品的推广渠道同样会对文案产生极大的影响，下面我们就来具体了解一下：

一、渠道影响文案？

就拿我们在高速公路旁边看到的广告牌来说，试想一下，当我们的车用每小时 100 公里的速度经过那个广告牌的时候，真正能够有效看到广告牌的时间大概是 3~5 秒，而广告牌的大小指数只有半截小指的长度。在这种情况下，如果我们无法有效解读广告牌上的内容，就表示上面的文案并没有起到任何作用。

反过来，我们就可以这样理解，只有根据自己做广告的目的，找到用户能有效解读广告文案的方式，我们就能找到适合文案推广的渠道。

二、渠道特征

一些常见渠道的特征如下：

1．百度搜索页

可用文案长度：20 字

有效阅读时间：1~5 秒

用户阅读感受：大多是根据关键字来跳着看搜索结果，找资料的时候还会关注问题的时间进行选择。一般情况下只会看前三页的搜索结果，最多 5、6 页，如果再找不到想要的结果就会失去耐心。

文案手的目标：介绍产品、介绍产品卖点，引导读者点击、看创意，完成品牌的曝光。

2．传单

可用文案长度：3~5 字

有效阅读时间：0.5~2 秒

用户阅读感受：要有一个吸引人的点，比如会看传单的人大多是希望能通过它够获得什么优惠信息，如果全文没有重点内容，或者和自己目前的需求不相关的话，传单很快就会被扔掉。

文案手的目标：吸引读者阅读正文内容。

3．视频广告

可用文案长度：不确定

有效阅读时间：5~10 秒

用户观看（阅读）感受：如果是故事类的广告可能会有较强的吸引力；如果是游戏类的可能会直接关掉声音；如果是宣传片之类广告可能会看看有没有自己喜欢的明星。但是，一般当广告时间超过 30 秒后，用户如果没有找到自己感兴趣的信息就会关掉它去浏览别的页面。而那些时间短的广告，即便已经看了很多遍也可能会勉强自己再看一遍。

文案手的目标：在 5 秒内出现让用户感兴趣的文案，吸引用户看完视频广告。

4. 微信公众号

可用文案长度：14 字以内

有效阅读时间：1～3 秒

用户阅读感受：一般标题只看前半句，如果很短则会看完。看到留有悬念的标题会好奇并想点进去，但点开后如果发现都是没有用的内容就会马上关掉。如果是用户感兴趣的公众号，则对标题字数没有太介意，只会关注该文案是不是自己想要学习或具有实用价值的。

文案手的目标：在 14 字以内引起读者的兴趣，并引导读者点击。

5. 微信朋友圈

可用文案长度：22 字 （＋朋友介绍）

有效阅读时间：2～4 秒

用户阅读感受：没有朋友感悟的情况下只看标题，如果跟互联网营销有关的，一般会点进去看，与热点结合紧密的也会进去看。有朋友感悟的话，看朋友说的再决定看不看，这时候停留时间会长些。

文案手的目标：在 22 字以内引起读者的兴趣，并引导读者点击。

6. 高速路上的广告牌

可用文案长度：8 字以下

有效阅读时间：3～5 秒 （＋汽车后座视野）

用户阅读感受：一般标题大的都能看得到，图文相关程度高的广告更容易被记住。而详细的介绍、电话等信息则很少有人会关注。另外，品牌的名称一定要大，有的广告牌把广告词放得很大，看完后根本不知道是什么品牌，并且背景图与字体的对比要尽量强烈一点，否则会看不清楚。

文案手的目标：让读者对品牌和文案产生记忆。

7. 公交站台广告

可用文案长度：5 ~ 7 字

有效阅读时间：1 ~ 3 秒

用户阅读感受：不感兴趣的都是扫一眼就过去，明星类的代言广告会看久一些，产品类的广告只会注意名称和 Logo。

文案手的目标：让读者对品牌和文案产生记忆。

三、渠道和文案的配合

关于渠道与文案应该怎么配合的问题，我们先来看下图所示：

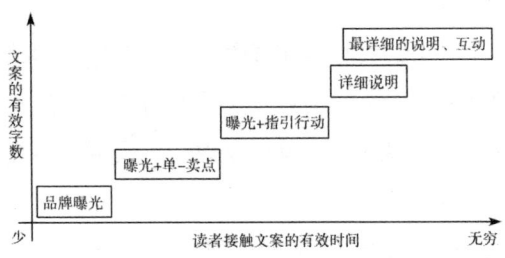

图中，第一层级为"品牌曝光"阶段，因为用户对文案接触的时间少，所以文字要尽量简练，突出核心信息，做品牌曝光，比如高速公路广告牌。

第二层级为"曝光 + 单一卖点"阶段，这时产品一般已经积累到一定用户，所以要求文案在品牌曝光的基础上还是突出卖点，当然，这个阶段的卖点仍然以简练、突出核心为主。

第三层级为"曝光 + 指引行动"阶段，表示产品聚集的用户量已经达到一定程度，所以它的有效时间和文案信息都可以适当延展，比如引导用户点击进入、注册、购买等，像百度推广就属于这类。

第四层级为"详细说明"阶段，表示产品已经聚集了相当一部分的"死忠粉"，所以可以进行有效时间和文案信息的最大曝光。

第五阶层为最详细说明和互动，多层次多角度地与用户进行有互动。比如像视频广告、展会、体验式营销等。

006 线上文案与线下活动的配合发布方法

经典文案回放：大众汽车找了一位盲人摄影师

2017 年 9 月，大众汽车推出全新的 Arteon 车型，并特意找来了盲人摄影师皮特·埃卡特来负责广告拍摄工作。

皮特·埃克特并不是一开始就看不见，但他失明后，却一直没有放弃摄影这条路。他利用自己的其他感官，如声音、触摸、记忆等在头脑中建立影像，并用长时间的曝光和色彩光线来创造独特的效果。他说："我是拥有视觉的人，只是看不到而已。"因此，在不同的闪光灯和调色板的帮助下，他开发了独特的视觉语言。

比如这次 Arteon 的作品，他就是在一开始慢慢接近车子，逐渐追踪从外部到内部的每一处线条，直到在他脑海中产生完整的 Arteon 形象。在最后的摄影作品中，他也完美地呈现出了汽车的速度和美感。

——大众 Arteon 宣传广告

案例解析：

产品推广其实就是品牌的认知期，它既是用户对品牌的认知期，也是企业对自己的一个认知期。一个良好的企业形象不仅要有效提高品牌的辨识度，还需要强有力的用户支撑，在这个过程中，只有线上文案和线下活动相配合，才能达到社会效益与经济效益的有效实现。

一般情况下，产品初期的推广侧重点都在网站引流和品牌形象的塑造上面，比如提高产品的网站访问量和注册量等。因为用户要想直接了解产品的服务内容以及相关要求，通过网站是最直接有效的方式，上面会有产品最新、最全面的信息，有些产品网站上还有在线客服等服务，能够让用户最全面、便捷、直观地了解自己想要了解的信息。

其中，如何让用户知道我们的网站并进入我们的网站，就是文案手在产品的前期推广中需要做的。除此之外，大力发展微信公众平台、APP 等互联网媒体，能够帮助用户对产品的品牌产生进一步的信赖感，使用户对我们产品的安全性、可操作性等方面有充分的了解。

与文案手分享：

很多品牌做推广时都是采用跟风的方式，看哪个人利用什么方式获得了较好的用户反馈，就马上投入。比如看到别人网络营销做得好，也不管自己的产品是不是适合这种方式，就马上开始建立网站。殊不知，别人的方法未必就是合适自己的。下面我们就来具体了解一下：

一、线上推广方案

我们以某款 APP 产品的线上推广方案为例，来看看产品的线上推广方案有哪些？

1. 应用推荐网站应用商店

应用市场又被称之为应用商店，是指专门为移动设备手机、平板电脑等应用下载服务的电子应用商店。线上推广主要是上传应用的平台，在国内电子市场中，主要由硬件开发商（如联想应用商店等）、软件开发商、网络运营商（如移动 MM、天翼空间、沃商店等）、独立商店（如安卓市场、安智市场、机锋市场等），和一些 B2C 应用平台等形成。能够全面覆盖建立符合用户习惯的下载渠道，方便用户通过各种渠道进行 APP 的下载和使用。

2. 搜索百科和百度文库

作为一款搜索引擎自由的产品，搜索百科具有很高的网站权重和公信力。因此，像百度百科、搜搜百科、互动百科等，都是推广 APP 的主要载体，文案手需要编辑出有利于 APP 应用推广的词条，通过审核后，就可以让用户通过关键词搜到与 APP 有关应用，并从中了解到更多详情。

百度文库是一种能够通过文案设计并发布的文库，文案手可以利用它上传一些关于 APP 应用的产品介绍、使用评测、详细攻略等，并从中获得良好的口碑传播，也方便用户了解和使用 APP 应用。

3. 搜索引擎推广

搜索引擎是互联网用户获得信息的主要渠道，其结果具有多样化的特点，包含网站、百科、知道、文库、新闻、视频等信息。文案手就需要针对这些信息类型进行文案推广布局。另外，由于大多数用户在搜索信息后，都会习惯性的按照排名顺序进行浏览网页。因此，保证 APP 应用的相关关键词能够排名靠前，是让用户点击下载的关键。

4. APP 论坛置顶

论坛是用户分享信息的集散地，其中，Android 论坛主要是机锋、安卓、安智、木蚂蚁等，IOS 论坛主要是威锋、麦芽地、爱应用等。所以很多文案信息每天都是通过论坛进行发布，以吸引用户的眼球。但是，如果文案手只是撰写了单篇论坛帖子而不对其进行维护的话，无论什么内容都很快就会沉底。所以，除了要写好发布论坛的帖子之外，安排网推专员进行维护置顶是很有必要的。

5. 社交平台推广

所谓社交平台推广就是建立微信公众号，然后由网推专员定期对其内容进行更新，以形成有效捆绑用户的方法，甚至可以进行二次营销。这种推广方式可以让用户拥有极大的参与空间，也方便用户在平台上分享、评价、讨论、沟通。

6. 网络新闻事件

网络新闻事件属于公众舆论的一个风向标，它可以根据搜索关键词等方式，定期发布利于 APP 应用的网络新闻，并以此提升 APP 应用的曝光率。

二、线下推广方案

我们仍然以某款 APP 产品为例，来了解一下产品的线下推广方案有哪些。

1. 电视及广播媒体广告

电视媒体广告早已融入人们的生活，所以很多产品的线下推广活动，都会选择与合适的广播电视站合作，然后根据电视频道的观看率进行广告植入。之所以这样，是因为用户对自己喜欢的电视频道有着很好的信任感。广播电台则是人们日常生活的新闻导向，能够架起电台与用户之间的互动桥梁，方便产品的有效推广。

2. 报纸横幅及单页广告

报纸能够有效覆盖一部分特定的群体，文案手根据这部分用户类型，可以写出更合适的文案内容进行广告投放，投放内容可与 APP 同步。

而 DM 单页则需要针对用户群体有效控制投放点，收集高质量用户。另外，文案手还需要把单页上的文案设计得足够吸引眼球，派发地点主要是在商业区写字楼或人流量较大的路边，向上班族等人发放宣传单并引导他们登陆 APP 网站注册。

3. 公交、出租车及灯箱广告

根据公交车的主路线图，在线路人流量较大的车体上印制下载 APP 的广告，并附带下载二维码，或者有选择性地对部分出租车内部投入少量广告，让用户能够在第一时间响应广告宣传，有效提高 APP 的转换率。

另外，在商业街区、客运站、大型农贸市场及部分公交站，还可以适量投放灯箱广告，便于贴近受众用户群体。当用户每天都能看到 APP 的推广广告后，就能在潜移默化中形成品牌效应。

销售其实就是在解决两件事，即用户接收到或找到了购买产品的理由；用户能足够方便地进行购买。其中，如何让用户了解产品是产品传播的问题；如何让客户方便购买，则是个渠道建设的问题。

所以，只要我们能控制好传播，无论是使用线上营销还是线下营销，其关键还是要看产品的特性。就拿酒水等产品来说，使用线上营销就不如线下营销。像服务功能较强的产品，基本上都需要线上了解、咨询，然后在线下成交和服务，比如饮水机、净水器等。所以，我们的文案同样要根据产品的具体特性来确定。